国家出版基金项目
NATIONAL PUBLICATION FOUNDATION

"十四五"国家重点图书出版规划项目

中国语言文化典藏系列　组委会

主　任

田学军

执行主任

田立新

成　员

宋　全　杨　芳　刘　利　郭广生　顾　青

张浩明　周晓梅　刘　宏　王　锋　余桂林

中国语言资源保护工程

曹志耘 王莉宁 李锦芳 主编

中国语言文化典藏·江永

杨慧君 著

商务印书馆
SINCE 1897
The Commercial Press

随着现代化、城镇化的快速发展，我国的语言方言正在迅速发生变化，而与地域文化相关的语言方言现象可能是其中变化最剧烈的一部分。也许我们还会用方言说"你、我、他"，但已无法说出婚丧嫁娶各个环节的方言名称了。也许我们还会用方言数数，但已说不全"一脚穷，两脚富……"这几句俗语了。至于那些世代相传的山歌、引人入胜的民间故事，更是早已从人们的生活中销声匿迹。而它们无疑是语言方言的重要成分，更是地域文化的精华。遗憾的是，长期以来，我们习惯于拿着字表、词表去调查方言，习惯于编同音字汇、编方言词典，而那些丰富生动的方言文化现象往往被忽略了。

2017年，中共中央办公厅、国务院办公厅《关于实施中华优秀传统文化传承发展工程的意见》首次提出"保护传承方言文化"。2020年，国务院办公厅《关于全面加强新时代语言文字工作的意见》明确提出"科学保护方言和少数民族语言文字"。语言方言及其文化的保护传承写进党和政府的重要文件，具有重要的历史意义。党中央、国务院的号召无疑是今后一个时期内，我国语言文字工作领域和语言学界、方言学界的重要使命，需要我们严肃对待，认真落实。

中国语言资源保护工程于2015年启动，已于2019年顺利完成第一期建设任务。针对我国传统语言方言文化现象快速消失的严峻形势，语保工程专门设了102个语言文化调查点（包括25个少数民族语言文化点和77个汉语方言文化点），按照统一规范对语言方言文化现象开展实地调查和音像摄录工作。

为了顺利开展这项工作，我们专门编写出版了《中国方言文化典藏调查手册》（商务印书馆，2015年）。手册制定了调查、语料整理、图册编写、音像加工、资料提交各个阶段的工作规范；并编写了专用调查表，具体分为9个大类：房屋建筑、日常用具、服饰、饮食、农工百艺、日常活动、婚育丧葬、节日、说唱表演，共800多个调查条目。

调查方法采用文字和音标记录、录音、摄像、照相等多种手段。除了传统的记音方法以外，还采用先进的录音设备和录音软件，对所有调查条目的说法进行录音。采用高清摄像机，与录音同步进行摄像；此外，对部分语言方言文化现象本身（例如婚礼、丧礼、春节、元宵节、民歌、曲艺、戏剧等）进行摄像。采用高像素专业相机，对所有调查条目的实物或活动进行拍照。

这项开创性的调查工作获得了大量前所未有的第一手材料。为了更好地保存利用这批珍贵材料，推出语保工程标志性成果，在教育部语言文字信息管理司的领导下，在商务印书馆的鼎力支持下，在各位作者、编委、主编、编辑和设计人员的共同努力下，我们组织编写了《中国语言文化典藏》系列丛书。经过多年的努力，现已完成 50 卷典藏书稿，其中少数民族语言文化典藏 13 卷，汉语方言文化典藏 37 卷。丛书以调查点为单位，以调查条目为纲，收录语言方言文化图片及其名称、读音、解说，以图带文，一图一文，图文并茂，EP 同步。每卷收图600 幅左右。

我们所说的"方言文化"是指用特殊方言形式表达的具有地方特色的文化现象，包括地方名物、民俗活动、口彩禁忌、俗语谚语、民间文艺等。"方言文化"是一个新的研究领域，需使用的调查、整理、加工方法对于我们当中很多人来说都是陌生的，要编写的图册亦无先例可循。这项工作的挑战性可想而知。

在此，我要向每一个课题的负责人和所有成员道一声感谢。为了完成调查工作，大家不畏赤日之炎、寒风之凛，肩负各种器材，奔走于城乡郊野、大街小巷，记录即将消逝的乡音，捡拾散落的文化碎片。有时为了寻找一个旧凉亭，翻山越岭几十里路；有时为了拍摄丧葬场面，与送葬亲友一同跪拜；有人因山路湿滑而摔断肋骨，住院数月；有人因贵重设备被盗而失声痛哭……在面临各种困难的情况下，大家能够为了一个共同的使命，放下个人手头的事情，不辞辛劳，不计报酬，去做一项公益性的事业，不能不让人为之感动。

然而，眼前的道路依然崎岖而漫长。传统语言方言文化现象正在大面积地快速消逝，我们在和时间赛跑，而结果必然是时间获胜。但这不是放弃的理由。著名人类学家弗雷泽说过："一切理论都是暂时的，唯有事实的总汇才具有永久的价值。"谨与大家共勉。

曹志耘

2022 年 4 月 13 日

目录

一 江永

　　江永县位于湖南省南部,永州市南部,都庞岭东南麓。东与江华瑶族自治县相接,南邻广西富川瑶族自治县,西交广西恭城瑶族自治县,西北与广西灌阳县接壤,北与道县相连。

　　江永县境,春秋前为杨越,战国属楚。秦嬴政二十六年(公元前221年),王翦戍都庞,请准设营浦县,属长沙郡,县北部为营浦地。汉元鼎六年(公元前111年),在县西南置谢沐县(境内有谢水、沐水,故名),属交州苍梧郡;同时析长沙郡,置零陵郡,营蒲改隶荆州零陵郡。隋开皇九年(589年),并谢沐、营浦为永阳县,属永州总管府,大业三年(607年)改零陵郡。唐贞观八年(634年),置道州江华郡,县省入营道县。天授二年(691年),复置永阳县,属道州。天宝元年(742年),以永明岭(今都庞岭)定县名,改永阳县为永明县,属道州。宋熙宁五年(1072年),分允山、允平、文德、谢沐、永川、崇福六乡入营道,兴化一乡入冯乘(今江华),废县为镇。元祐元年(1086年),复置永明县,属湖南路道州江华郡。1956年,原永明县改名江永县,因县境部分源自原江华县,故以永明、江华二县首字得名。永明县名因境内永明岭得来,江华县名则是唐武德四年(621年)析冯乘县置江华县,以治所设"阳华岩之江南"而名。

江永区域总面积1632.62平方千米，北、西、南面属都庞岭山脉，东南边陲属萌渚岭余脉，南、北、中部较高，山、丘、岗、盆地俱全，大致形成"六山半水三分半田土"的土地结构。境内以潇水、桃水为主干流，分属长江水系和珠江水系。江永属于亚热带季风湿润气候，雨量充沛，光照充足，四季分明，无霜期长，适宜农作物生长，自然资源丰富。

　　据《江永县2018年国民经济和社会发展统计公报》，目前江永总人口约28万，以瑶族为主的少数民族人口15.86万人，占全县总人口的63.2%，少数民族聚居区占全县总面积的87%。千家峒是瑶族的发祥地之一，也是瑶族心目中的圣地。

　　全县境内辖上江圩镇、桃川镇、潇浦镇、粗石江镇、夏层铺镇五个镇以及兰溪瑶族乡、松柏瑶族乡、源口瑶族乡、千家峒瑶族乡四个乡，此外还有高泽源、黑山岭两个国有林场，源口、都庞岭两个自然保护区和千家峒国家级森林公园。

二 江永方言

（一）概述

    江永县属于双语区，当地人与外人交际时讲西南官话、普通话，本地人内部讲当地土话。在一些瑶汉共处的地区，瑶族人除说瑶语外，还会说当地土话与西南官话。江永瑶族勉语因长期与周边汉语方言接触被深刻影响，常用词中一半以上是汉语借词。各个乡镇的土话不同，部分乡镇甚至无法用土话沟通。根据黄雪贞在《江永方言研究》中的记载，当地土话分六片：城关片（包括城关镇与上江圩乡、千家峒乡、厂子铺乡、井边乡、允山乡、铜山岭农场等地）、桃川片、松柏片、源口片、夏层铺片、冷水铺片。江永与江华交界处山区也有少数居民使用客家方言。随着普通话的普及，目前能够说纯正土话的人越来越少了。

（二）声韵调

下面关于声韵调的描写以上江圩镇新华村方言为准，属于湘语永州片。

1.声母共 21 个，包括零声母在内

p 八病风饭	pʰ 片飞蜂	m 麦问	f 非副肥宽灰何	v 文吴禾温雨维
t 肚甜	tʰ 天土	n 点南锣二验		l 多队老竹虫
ts 亭早字习罩宅争豺纸	tsʰ 听草拆抄齿		s 酸橡事山实诗十	
tɕ 最罪徐珍锤主植九共	tɕʰ 寸抽车轻畜	ȵ 泥热月英	ɕ 法肺犯孙旬身船手城响现	
k 高柜	kh 快康	ŋ 熬挨硬	h 开好红	
∅ 儿艾县安王药				

说明:

① [v] 时强时弱。

2. 韵母 31 个，包括自成音节的 [ŋ] 在内

ʮ 子

i 米耳笑业吸热
一药直滴

u 歌牙苦雨塔末
膜额谷

y 虚岁葵雪育

a 虑二泪减深闲
根七往蚌恒争

ua 围归关

ya 髓拴出

ɔ 鞋飞盒八辣

ie 写腿阎深忍剩
橙锡穷

uɔ 快刮骨

yɔ 赛锤粘刷率

　

　

　

ye 蛇最春云橘绳
尺松

ɯ 坐斧开赔桃叠
割郭捉黑踢

iɯ 巧扭
iu 须猪绿

uɯ 外国

　

ai 梨儿蚕帖心沉
入款稳冰筝东

　

uai 棍困

au 宝豆托壳

iau 瓢油掠学六

　

ɯə 杷画师鸭十白

　

ɯɯə 架格

aŋ 甘短糖双

iaŋ 尝讲用

uaŋ 旷

əŋ 梅燃天滚墨

iŋ 盐沈现欣迎

　

yŋ 权丸旬

oŋ 南钻盟农

ioŋ 犯颠王病兄

ŋ 五暗安

说明：

① [ŋ] 并非土话中的韵母，但会出现在口语的一些官话词中。

② [ɯə] 中 [ɯ] 是短暂的过渡音。

③ [ɯə] 组与 [ɯ] 组存在音位对立，如"国" [kuɯ⁵⁵] ≠ "格" [kuɯə⁵⁵]。

④ [iŋ] 实际音值近 [ieŋ]，[yŋ] 实际音值近 [yeŋ]。

3. 单字调 5 个

阴平 [33]　　　　　开乱树六毒

阳平 [42]　　　　　门皮

上声 [35]　　　　　九统草

去声 [21]　　　　　老近半

入声 [55]　　　　　百灭切

（三）变调

　　大多数词语连读不变调。部分叠字亲属称谓词，后字一般变成 35 调，如"够°够°儿子"[kau²¹kau³⁵]、"买°买°奶奶"[mɔ²¹mɔ³⁵]、"姐姐"[tsa²¹tsa³⁵]。"公公""婆婆""爸爸""妈妈""爷爷""哥哥""弟弟""妹妹"没有变调。少量叠字名词前字存在变调，如"棉棉"[mən⁴⁴mən⁴²]，"年年""月月""个个""红红""快快""拍拍""醒醒""白白""统统"等词没有变调。有轻声不轻的现象，如"包子"[piau³³tɯɛ⁰]、"酒操°姆"[tsiau³⁵tsʰau³³mən⁰]中的词缀"子""姆"实际念 [55]。

0-2 ◆ 女书折扇（胡欣摄）

7

（四）女书

女书是世界上唯一的女性系统文字，主要流传于湖南江永潇水一带，记录当地汉语土话读音，每个女书字符记录当地土话的一个音节或几个相近的音节，标记同音或近音的一组词。赵丽明带领清华大学 SRT 抢救女书小组向国际标准化组织 ISO/IEC JTC1/WG2 提交的《关于将女书编入国际通用字符集的提案》被正式接受，该提案确认 396 个女书标准字符。

女书字体倾斜，呈"多"字型，主要用于书写自传、三朝书、仿古诗，也可以用来叙事、记录民歌和谜语等，可读可唱。当地妇女们常将女书写在纸上，或者编织、绣在帕、扇、花带上。女书主要通过家传、私塾、歌堂、自学几种方式传承。

2005 年，女书以"全世界最具性别特征文字"被收入《世界吉尼斯纪录大全》；2006 年女书被批准列入第一批国家级非物质文化遗产名录；2017 年女书被纳入国际标准字符集。

目前江永女书各级传承人有 7 名：国家级传人何静华（1938 年出生）；省级传人胡美月（1963 年出生）；市级传人 4 名，她们是何艳新（1940 年出生，被季羡林称为"最后半个自然女书传人"）、周惠娟（1943 年出生）、蒲丽娟（1965 年出生）、胡欣（1988 年出生）；县级传人义运娟（1969 年出生）。

三 凡例

（一）记音依据

本书方言记音以江永县上江圩镇新华村的方言为准，该地离江永县政府 12.7 千米。本书方言记音以新华村汉族老年人的方言为准。

（二）图片来源

本书收录江永方言文化图片共计 600 余幅。照片绝大部分是杨慧君、朱祥德近两年在江永拍摄的，个别照片由他人提供，注明拍摄者或提供者姓名，例如"8-41◆千家峒街（游康生摄）"。

（三）内容分类

本书所收江永方言文化条目按内容分为 9 大类 36 小类：

（1）房屋建筑：住宅、其他建筑、建筑活动

（2）日常用具：炊具、卧具、桌椅板凳、其他用具

（3）服饰：衣裤、鞋帽、首饰等

（4）饮食：主食、副食、菜肴

（5）农工百艺：农事、农具、手工艺、商业、其他行业

（6）日常活动：起居、娱乐、信奉

（7）婚育丧葬：婚事、生育、丧葬

（8）节日：春节、元宵节、清明节、端午节、中元节、中秋节、其他节日

（9）说唱表演：口彩禁忌、隐语、俗语谚语、歌谣、故事

江永境内流行祁剧，使用祁阳话演唱，并非本地方言。当地以前也有人唱傩戏，不过现在已经极难看到。因此，本书第九章没有"曲艺戏剧"一节。

（四）体例

（1）每个大类开头先用一段短文对本类方言文化现象做一个概括性的介绍。

（2）除"说唱表演"外，每个条目均包括图片、方言词、正文三部分。"说唱表演"不收图片，体例上也与其他部分有所不同，具体情况参看"玖 说唱表演"。

（3）各图单独、连续编号，例如"1-1"，短横前面的数字表示大类，短横后面的数字是该大类内部图片的顺序号。图号后面注拍摄地点（一般为村级名称）。图号和地名之间用"◆"隔开，例如"1-1◆新华"。

（4）在图下写该图的方言词及其国际音标。例如：屋 [vu⁵⁵]。

（5）正文中出现的方言词用引号标出，并在一节里首次出现时注国际音标，对方言词的注释用小字随文夹注；在一节里除首次出现时外，只加引号，不注音释义。为便于阅读，一些跟普通话相同或相近的方言词，在同一节里除首次出现时外，不再加引号。

（6）同音字在字的右上角加等号"="表示，例如：栅子木都=门 [saŋ³³tsʅ³⁵mu³³tu³³mai⁴²]带条框的木制窗户。无同音字可写的音节用方框"□"表示，例如：管□皮 [kan³⁵tsa²¹pɔ⁴²]丝瓜瓤。

（7）方言词记实际读音，如有变调、儿化音变等现象，一律按连读音记，轻声调值一律标作"0"，有的字音在特定的日常词语中只能按官话念，按实际音值记，并在词条中做出说明，例如：燕子门屋 [iŋ²¹tsʅ³⁵mai⁴²vu⁵⁵] 中的"子"韵母 [ʅ] 并非土话音，而是官话音。

江
永

引
言

11

壹·房屋建筑

　　江永的传统建筑有民居、祠堂、庙宇、商铺、作坊以及其他公共建筑。上甘棠村是江永最典型的汉族建筑村落。它依山傍水，坐东朝西，选址、布局别具匠心。村头有一座石山——昂山，对面也有一座小山——栖凤山，村后靠着翠屏山脉，村前环绕着谢沐河，正是"左青龙，右白虎，后有靠山，前有玉带"的设计。横跨谢沐河的步瀛桥，已有八百多年历史，是上甘棠的主要出入口。上甘棠村充分利用山形水势，建筑规划科学，布局严谨，美学上还有青山、绿水、石桥、人家的水墨画效果。村中尚存古老的商道、店铺、城墙，除亭台阁榭、门坊桥梁，还有200多栋古民居。上甘棠村均为周氏后代，各族沿主干道垂直的方向设置次干道，族内成员向后延伸布置住房，主次干道交叉处建有门楼和小型广场。门楼往往由族里德高望重的人修建，其建筑材料、样式可反映修建人的身份。这里的民居大部分为清代晚期建筑，也有一些明代的。普通民居大门一般坐北朝南，大都是砖墙结构、青瓦做顶、对称布局，一般有两层建筑，

中国语言文化典藏

进门是客厅，客厅里设有木板做的墙，前有厨房，后为卧室。客厅木墙后面往往还有木制的楼梯，通往二层。屋子外面有高大的防火墙，亦有精致的门庐、彩绘雕塑。

以上甘棠为代表的江永古民居，设计既有宗族等级的人文考量，又有就地取材、与自然的和谐统一，融实用性、文化性、美观性于一体。旧时建房是江永居民的人生大事，从破土到房屋建成，不管是物资还是人手，往往需要亲戚邻里的支援。这个过程中有诸多颇为隆重的仪式，比如立大门、上梁，最后主人家会请大家一起吃盖屋酒，共同庆祝。

现在的年轻人更喜欢住新式楼房，他们或在旧村落的对岸，或在离县城更近的交通要道上修建新房屋，上甘棠村的古民居，现在很多已被弃用。

1-5 ◆勾蓝瑶

楼房 [lau⁴²faŋ⁴²]

两层或两层以上的房子。传统的楼房一般为两层，二楼一般用木板隔断。

正屋 [tɕioŋ²¹vu⁵⁵]

房屋主体，包含客厅、卧室，与厕所、圈养牲畜或堆放杂物的低矮的杂屋相对。厨房有的在正屋里，有的在旁边的杂屋里。

1-2 ◆新华

1-3 ◆浦尾　　　　　　　　　　　　　　　　　1-4 ◆上甘棠

天井 [tʰəŋ³³tsioŋ³⁵]

　　房间之间围成的露天的凹陷空地，上方有对应的天井眼（见图1-4）。一般在客厅木制墙后面，四方的，主要用来通风、透光、蓄水，四周一般设有通水孔。这种房子一般大户人家才能修建。

屋 [vu⁵⁵]

　　传统民宅一般有两层，常见的样式有"三间堂" [soŋ³³ka³³taŋ⁴²]、"两间堂" [liaŋ²¹ka³³taŋ⁴²]。三间堂一共有五间房，正中是客厅，两边分成前后两个部分，前面有一间厨房、一间卧室，后面两间都是卧室。有的三间堂是两户人家合住，这种情况前面两间都是厨房。两间堂有三间房，除了客厅，另一侧也是分前后两部分，前面为厨房，后面为卧室。

　　房屋一般坐北朝南，若坐南朝北，风会比较大，不利于人居住。房屋一般用石灰石做基脚，用木头搭架，用泥砖或红砖砌墙，屋顶多盖青瓦。20世纪90年代以后开始流行新式楼房。

1-7 ◆勾蓝瑶

1-6 ◆浦尾

楼梯 [lau⁴²tʰi³³]

通向二楼的楼梯，一般是木头做的，没有扶手。江永传统民居的二楼可住人，格局跟一楼差不多，房间多做卧室用。

壁板 [pie⁵⁵pa³⁵]

客厅的木制墙壁，后面是通往二楼的楼梯。

茅草屋 [miau⁴²tsʰau³⁵vu⁵⁵]

有墙面的盖有茅草顶的房子，土砖垒墙，或高温火窑烧制的火砖垒墙。一般用来放石灰、牛圈肥、稻草等杂物，也可以做猪圈。

1-8 ◆夏湾

土墙屋 [tʰu³⁵tsiaŋ⁴²vu⁵⁵]

未经烧制的土砖砌墙建成的屋子。

红砖屋 [hai⁴²tɕyŋ³³vu⁵⁵]

红砖垒砌的房屋。从 20 世纪八九十年代起,红砖屋成为农村建筑的主要形式。

香几柜 [ɕiaŋ³³tɕi³³kua³³]

专用于供奉祖宗牌位、神龛的柜子，放在堂屋中，柜台里可以存放纸钱、蜡烛。中元节、春节时可用于烧香、放供品。

厅屋 [tsʰioŋ³³vu⁵⁵]

又叫堂屋，用来摆放神位、招待客人的客厅，一般位于房屋正中间。

中国语言文化典藏

燕子门屋 [iŋ²¹tsɿ³⁵mai⁴²vu⁵⁵]

正面是燕子门、其他三面用砖头砌成的房屋。"燕子门"指上半部带有镂空雕花的木门，一般是一块木板一幅雕花图，常见造型是花、草、鸟、鹿等寓意吉祥的事物。这种门采光较好，木料也比较好，以前有钱人家才会有这种门。燕子门屋，大门两边各有一列厢房，形状像飞燕分叉的尾巴，故而得名。词中"子"[tsɿ³⁵]是官话读音。

1-13 ◆勾蓝瑶

蓝灰屋 [loŋ⁴²fu³³vu⁵⁵]

用高温火窑炼制的火砖垒墙建成的房子。墙一般用稻草灰和石灰的搅拌物粉刷。

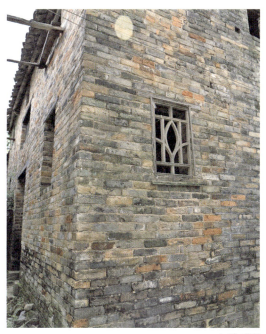

1-12 ◆新华

青砖屋 [tsʰioŋ³³tɕyŋ³³vu⁵⁵]

青砖垒砌的房屋。一般只有寺庙、宗祠或大户人家才建这种样式的房屋。

1-11 ◆上江圩

灶子 [tsau²¹tsɿ³⁵]

厨房里固定的灶台，一般由砖头和水泥砌成，用木柴生火。

厨房 [tɕiu⁴²faŋ⁴²]

准备、烹饪食物的房间。老式的厨房有专称，一般在房子的两侧，叫"炉淘⁼"[lu³³tau⁴²]，有做饭、吃饭、烤火等功能。

路⁼角 [lu³³tɕiau⁵⁵]

平行于地面建造的四方形炉灶，四周用高温火窑炼制的火砖砌成，一面靠墙。中间可以放三脚的圆形铁支架，支架上可以放锅做饭。周边可以放凳子坐人烤火，也可以烘烤衣物。"路⁼"可能是"炉"的变调。

1-19 ◆ 上甘棠

双灶 [saŋ³³tsau²¹]

厨房里固定的可以放两口锅的灶台，一口用来煮饭，一口用来煮菜。主体用高温火窑炼制的火砖砌成，用木柴生火。

1-18 ◆ 夏湾

屋脊 [vu⁵⁵tsie⁵⁵]

屋顶两斜坡的交汇线，多为瓦片做成。富裕人家会做一些寓意吉祥的造型，如双龙戏珠。

两倒水 [liaŋ²¹lau³⁵ɕ ya³⁵]

人字形的房顶，雨水从屋顶两侧流下。

屋山头 [vu⁵⁵sa³³tau⁴²]

风火墙，有装饰作用，也可以防火。

飞角 [fa³³tɕiau⁵⁵]

飞檐。是用石灰、稻草等混合放在一起煮，舂好拌入石灰做成的屋顶造型，一般多为鸟兽、花草，也有官帽、凤尾等，大户人家还会有雕花。

柱姆 [tɕiu²¹məŋ⁰]

廊柱。老式建筑大门外走廊上的柱子，用来承重，木制或石头制。柱子下面安放的基石叫"鼓子石"[ku³⁵tsʅ³⁵ɕye³³]，形状像鼓，故得其名。有不同的形状，上面有精美的雕花，主要用于防潮加固，亦有装饰效果。

江永 壹·房屋建筑

1-29 ◆上甘棠

栏厢门 [la⁴²siaŋ³³mai⁴²]

房门外面的一道矮门，用来防止小孩、鸡鸭出去，上面一般是镂空的，用来通风、透光。

大门 [tɔ³³mai⁴²]

院门。以前的大门上会有老式的锁。在门上装两个铁圈，平时做拉手，主人出门的时候，锁上这两个铁圈便可防盗。

门闸 [mai⁴²tsɔ⁵⁵]

门槛。有木制的，也有石头做的。过去当地人认为踩门槛对主人不尊重，所以门槛一般不能踩，可以坐。

屋角石 [vu⁵⁵tɕiau⁵⁵ɕye³³]

在交叉路口的墙角设置的石块，最常见的是四方形的，也有用瓦片做的，当地人认为可以辟邪。

1-25 ◆上甘棠

1-26 ◆夏湾

中国语言文化典藏

26

1-31 ◆ 上甘棠

1-32 ◆ 上甘棠

门脑闩 [mai⁴²nai³⁵ɕya³³]

用来固定大门横梁的部分，主要功能是穿过去固定门框，也有装饰效果。

杠门窟 [kaŋ²¹mai⁴²fɔ⁵⁵]

在大门上端、地上配套的用来插棍子的孔洞，可以使大门更坚固，也可以防盗。"窟"[fɔ⁵⁵]指凹陷的槽孔、方孔或洞。

门闩 [mai⁴²ɕya³³]

关门后，插在门内使门推不开的滑动插销，一般用木条制成，也有铁制的。

1-30 ◆ 上甘棠

辟邪碑 [pʰia⁵⁵tɕie⁴²pa³³]

在屋子与巷口交接的屋角处，人们有用泰山石辟邪的传统，现在也有人用刻上"泰山石敢当"字眼的大理石做同样的用途。

1-27 ◆ 新华

十形子 [suɯə³³ɕiŋ⁴²tsuɯə³⁵]

　　房屋外、大门上用木头架搭建的上面盖瓦的小檐，可以给大门挡雨，传说也可辟邪。

箭眼子 [tsən²¹ŋa²¹tsɹ̩³5]

　　高墙上用于通风透光的窗户。只有一个长方形的孔，比一般窗户小。老式房屋都有，也可以供猫出入。

晒楼 [sɔ²¹lau⁴²]

　　也可以叫吊楼，用来晒东西。

中国语言文化典藏

1-33◆浦尾

1-34◆夏湾

明瓦 [mioŋ⁴²ŋu²¹]

屋顶上状似瓦片的玻璃,能够遮风避雨,透光效果好,能使屋内更明亮。

天窗 [tʰəŋ³³tsʰaŋ³³]

设在屋顶用来透光的部分,状似窗户,有的可以悬挂盛有食物的篮子。

手楼梯 [ɕiau³⁵lau⁴²tʰi³³]

可移动的梯子,一般是木制的。

栅子木都⁼门 [saŋ³³tsɿ³⁵mu³³tu³³mai⁴²]

带条框的木制窗户。木制的窗户统称"木都⁼门" [mu³³tu³³mai⁴²],包括只有木框的窗户或带有雕花的窗户。

1-35◆新华

1-38◆浦尾

村场 [tɕʰye³³tɕiaŋ⁴²]

村子。同一自然村一般同姓，如上江圩新华村的人都姓朱。同一宗族住在一起，共建祠堂、神庙，还有公共的墓田、庙田<small>用于家族清明祭祖活动费用支出的公共田产</small>、学田<small>用于家族或村里建庙及维护庙宇费用支出的公共田产</small>、公山<small>村里公有的山</small>。在重要的节庆、仪式上，都有隆重的集体活动。当地村落或以姓氏冠名，如高家、欧家；或因自然地理因素得名，如桐口、牛塘山；有以建筑物命名的，比如三间铺、新宅；有寄予美好希望的，如锦福、甘益。近年随着自然村的合并，一些老村名已经不复存在，比如兴福村，现在已经改名为新华村了。

围篱 [va⁴²la⁴²]

用来保护菜园、农田的设施，一般是用木棍、竹片、荆条或石头搭建的，在菜园或农田里比较常见。

洗衣池 [si³⁵ɔ³³tsɯə⁴²]

在江永，妇女一般在江河小溪边洗衣服，但有的村落，比如上甘棠村，会修建人工洗衣池，将江河小溪的水引到自家门口，因而更加方便。一般洗衣池旁边还会搭建一个水泥砖板的洗衣台。

1-40 ◆ 勾蓝瑶

1-43 ◆ 上甘棠

1-41◆上甘棠

1-42◆上甘棠

石板路 [ɕye³³pa³⁵lu³³]

用石板铺成的路。

屋里 [vu⁵⁵la²¹]

房子之间的通道。传统的巷道较狭窄，一般是石板路。

上甘棠 [ɕiaŋ³³kaŋ³³taŋ⁴²]

上甘棠村有 1200 多年的历史，距江永县城西南 25 千米，现有 453 户居民，共 1865 人，除 7 户人家是新中国成立后迁入该村的异姓外，其他都是周氏族人。周氏族人自宋代以前就开始定居上甘棠村，世代繁衍，延续至今。该村是湖南省发现的年代最为久远的千年古村落之一。

1-45◆上甘棠

1-49◆浦尾

女书园 [n̠iu²¹ɕiu³³yŋ⁴²]

坐落于上江圩镇的女书文化村,村内建筑仿明清式风格,建成于2002年,内设江永女书生态博物馆,主要通过实物、文字、图片、音像等形式,展示女书原件文献、作品、工艺、书法、学术成果与民俗风情。

1-46◆上甘棠

文昌阁 [vai⁴²tɕʰiaŋ³³kɯ⁵⁵]

据史料记载,文昌阁创建于宋代,后在明朝重修。文昌阁第一、二层由青砖砌筑,第三、四层为全木结构,抬梁做工考究,雕刻精细美观,斗拱飞檐。

浦尾村 [pʰu³⁵mɔ²¹tɕʰye³³]

　　浦尾村是上江圩镇的一个小村落，是著名女书自然传人高银仙、胡慈珠、唐宝珍的故居地，是女书流传的核心村落。浦尾村的村民基本都胡姓。

上厅屋 [ɕiaŋ³³tsʰioŋ³³vu⁵⁵]

　　指大厅专门供奉牌位的屋子，供奉家族共同的祖先。家里有人过世出殡后，首先拿逝者的灵牌到"上厅屋"祭拜，然后才拿回家。20世纪70年代旧有的"上厅屋"很多改建成礼堂，村里人用来放电影、唱戏、举办宴席等。

1-51◆新华

1-50◆夏湾

牛楼 [ŋau²¹lau³³]

牛圈。新华村有集体牛圈，内设十几间，各家牛圈用木头或者砖头分开。养猪、养牛的房子也可以用来堆放柴或茅草，叫"草楼屋"[tsʰau³⁵lau⁴²vu⁵⁵]。词中"牛"[ŋau²¹]、"楼"[lau³³]均为变调。

茅司 [miau⁴²suə³³]

厕所。一般在村旁，内设一个粪池，上面搭着两块木板，便于人们蹲站。

江永 ｜ 壹·房屋建筑

1-54 ◆夏湾

1-58 ◆上江圩

鸡□ [tɕi³³tɕyɔ²¹]

专为鸡、鸭、鹅等家禽而设的栖息处，用竹子、木头或砖头搭建，一般设在杂屋。

经˭井 [tɕiŋ³³tsioŋ³⁵]

靠人工按手柄将地下水引到地面上的井。"经˭"意思是摁下去。

姜窖 [tɕiaŋ³³tɕiau²¹]

存放生姜的地窖，用砖头建造，一般建在房子附近。也可用来存放红薯、芋头等其他粮食，统称"窖窟" [tɕiau²¹fɔ⁵⁵]，有大有小，小的不易进出，防盗性能更好。

1-56 ◆夏湾

炭窑 [tʰa²¹i⁴²]

用来烧炭的土窑，用泥土、砖块等建成，一般设在山脚下。山上的木材烧成炭以后，便于挑回家。

井窟 [tsioŋ³⁵fɔ⁵⁵]

在村口或其他公共场所设的公用露天井。一般在取水方便、水质好、水源大的低洼处挖井，水离地面很近，有的甚至不需要使用绳索就可打水。现在公用的"露天井"已经逐渐被废弃。

露井 [lu³³tsioŋ³⁵]

一种圆柱形深井，一般有十几米深，有井盖，人们打水时需使用较长的绳子。

江永·壹·房屋建筑

风雨桥 [pai³³vu²¹tɕi⁴²]

底部是桥，上面可躲避风雨的亭子，是有顶无墙的公共建筑。如果没有桥，只有上面的部分，也可以称为"风雨楼" [pai³³vu²¹lau⁴²]。

门楼 [mai²¹lau³³]

村里的正门。外来宾客、村里举行红白喜事都要经过门楼。传统门楼有两扇宽的门板，屋顶盖瓦片。时局动荡时，村里人会把门楼关上，防止外人进入。

1-62 ◆夏湾

1-61 ◆勾蓝瑶

凉亭 [liaŋ⁴²tsioŋ⁴²]

建在路上供人休息、避雨、聊天的建筑。现在留存的已不多。

池塘 [tsɯə⁴²taŋ⁴²]

每个村的村口一般都有一个池塘，可以用来养鱼、种荷花、洗衣服等。

鼓亭 [ku³⁵tsioŋ⁴²]

可供人歇脚、避雨的公共建筑，与一般凉亭的差别在于里面放了鼓。当村里有大事的时候，可击鼓通知村民。

圳沟 [tɕye²¹kau³³]

用于排水的小水沟，常见于屋外、农田旁。

1-63 ◆勾蓝瑶

1-60 ◆新华

1-66 ◆勾蓝瑶

城墙 [ɕioŋ⁴²tsiaŋ⁴²]

村寨的围墙。以前用以抵御外敌和匪患。

踩板石 [tsʰɔ³⁵pa³⁵ɕye³³]

放在门前的大块石头，相当于台阶，方便出入。

1-70 ◆勾蓝瑶

惜字塔 [sie⁵⁵tsɯə³³tʰu⁵⁵]

专用于销毁写字纸张的固定焚烧炉，似塔非塔。上甘棠村尤其重视文理教化，旧时书写有字迹的纸张不能用作他途，用完后集中到这里焚烧掉，以示尊重。

1-71 ◆上甘棠

 1-67 ◆ 上甘棠

防洪墙 [faŋ⁴²hai⁴²tsiaŋ⁴²]

防止洪水上涨后淹没房子的墙。在上甘棠村，有著名的谢沐河防洪墙。

屏风 [pioŋ⁴²faŋ³³]

建筑外部用来挡风或者隔断视线的部分，当地人认为可以保护主体建筑的风水。"风"在口语词中读 [pai³³]，这里是文读。

照壁 [tɕi²¹pie⁵⁵]

影壁墙，大门内的屏蔽物。民间认为鬼只会走直线，照壁可以阻挡鬼怪。

1-68 ◆ 勾蓝瑶

1-69 ◆ 勾蓝瑶

江永　壹·房屋建筑

41

烧砖窑 [ɕi³³tɕyŋ³³ᐟ⁴²i⁴²]

用于烧制砖头的窑。烧砖时，会将砖坯一列一列围成圆形叠置，两层砖坯中间则堆放一列一列的煤炭，最后在外围垒上红砖，并在内墙垒上干泥土当窑。当砖块烧好后，就会拆掉。现在都改用图1-71这种现代化的砖窑了。

石桥 [ɕye³³tɕi⁴²]

用石头建造而成的桥。

石桩桥 [çye³³tsaŋ³³tçi⁴²]

由多个石墩构成的人行桥。

石板桥 [çye³³pa³⁵tçi⁴²]

用石板建造的桥，不易腐坏坍塌，但桥面较窄，无法通车。

江永 亭·房屋建筑

43

吊桥 [li²¹tɕi⁴²]

桥面是木板，两侧是钢绳，两端拴有铁链，并有固定桥的柱子。行走的时候会摇晃，要手扶着护栏。

木桥 [mu³³tɕi⁴²]

用木头做成的简易人行桥，架在小溪、河流、悬崖上。也可用多根木头钉在一起做成木桥，更为稳固。

粮仓 [liaŋ⁴²tsʰaŋ³³]

装粮食的仓库。以前收割粮食之后，往往要储存一整年，因此要有专门盛放粮食的地方。一般的人家会将粮食放进木板制成的约一米高的方形谷仓，谷仓置于阁楼上，便于通风防潮。

1-78◆勾蓝瑶

油榨屋 [iau⁴²tsu²¹vu⁵⁵]

榨油坊，一般建在村口。20世纪六七十年代，一般是生产队负责集体榨油，榨好后分到各家各户。榨油过程非常繁复，先在烤房烘烤花生、油菜籽、茶籽等原料，然后碾碎、蒸熟，再用稻草将其包成圆饼状，外面用铁环箍住，放进中间挖空的木头容器中，油从下端固定的石槽中流出。20世纪90年代之后流行机器榨油，手工榨油几乎绝迹了。

1-79◆夏湾

1-80 ◆逈峰路

三　建筑活动

挖屋脚 [vɔ⁵⁵vu⁵⁵tɕi⁵⁵]

　　正式建房前，先挖出低于地面几十厘米的沟用于垒地基，以使房屋更稳定。挖的深度主要看土壤质地以及房屋的高度。挖屋脚前，一般要杀鸡淋血、放鞭炮，以图吉利。

1-83 ◆新华

中国语言文化典藏

上梁 [ɕiaŋ²¹liaŋ⁴²]

　　建房的一个重要步骤。"梁"是特指图1-82 中间最粗的那根横梁，一般用材质较硬不易腐烂、也不易虫蛀的椿树。砍梁木需慎选吉日。上梁的时候，需要杀鸡、做糍粑，还要给木工红包。木工师傅在梁上放鞭炮，同时把糍粑丢给村里人，丢的时候会说些吉利话。

1-82 ◆ 夏湾

1-84 ◆ 上甘棠

砌墙 [tɕhi²¹tsiaŋ⁴²]

逐块搭砌砖墙。

盖瓦 [kuɯ²¹ŋu²¹]

盖瓦片，也叫"出水"[ɕya⁵⁵ɕya³⁵]，因为雨水一般从瓦片上流过。盖瓦这天，有些人家会杀猪办酒席，亲戚们会来庆祝房屋建成。

立脚 [la³³tɕi⁵⁵]

挖完屋脚之后用山石或砖头将挖空的地沟铺平，垒好地基。

1-81 ◆ 浦尾

江永 壹·房屋建筑

　　江永的日常用具包括炊具、卧具、坐具、储具等。在过去，日常用具一般都是当地产的，在传统的集市上购置，以木制品、竹制品居多，大多为原色，不刷漆。桶大都是木头制的，按功能可以分为洗菜桶、洗澡桶、潲水桶。碗多是瓷的，也有铁碗，放置碗筷的碗柜用木头制作而成，可以抽进抽出，比较方便。不管过去还是现在，锅都以铁锅居多。

　　普通人家最常见的卧具是木床，夏天也有竹床，样式都比较简单；富裕人家用的是带有雕花的木床，复杂一点的还有摆放鞋子的踏板。现在大部分都用席梦思床垫。以前有草、竹条编织的席子。过去，江永人基本都用粗布被，主要分为垫被和盖被两种。垫被被面大部分是蓝白条纹的，叫水路垫被，也有些是格子被面的，叫格子垫被。

盖被被面一般是纯色的或带有星点花纹的，带花纹的也叫印花被。嫁妆常有红色绸缎被面的被子，寓意喜庆。粗布被保暖效果不太好，所以现在不怎么使用了。枕头一般是用棉花絮成的。

家家户户都有木制的厅屋台，桌面平整，有四个面，每个面都雕刻两个仙童，搭配四个木制凳子。桌子大多是木头制的，椅子则有木头、竹子、藤条制的。矮凳是用边角料钉成的小板凳，有圆形、长方形、正方形的。小孩专用的椅凳用竹子制作而成，方便大人做事情时，让小孩坐在里面。

从 20 世纪 90 年代开始，塑料、不锈钢制的日常用具开始取代原来的手工制品，多在超市或者网上购得。

2-2 ◆新华

炊鼎 [vai^{42}lioŋ^{35}]

用铁铸成的锅，用来煮饭、烧水、煲汤。20 世纪 90 年代以前一直流行，现在除极少数老人在用，几乎没人用。

2-5 ◆上甘棠

2-7 ◆勾蓝瑶

锑锅 [t^{h}i^{33}ko^{33}]

用铝制成的锅，一般用来煮饭、烧开水，特点是轻便、导热快。

脚铛鼓 = [tɕi^{55}ts^{h}a^{33}ku^{35}]

铁制的支撑锅的架子，有三只脚，顶端连着一个圆环，可用于架锅。

2-3 ◆勾蓝瑶

铛 [tsʰa³³]

铁锅，用来炒菜，有锅耳。

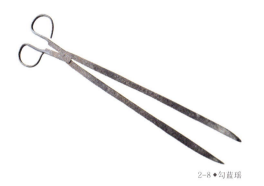

2-8 ◆勾蓝瑶

铁夹 [tʰi⁵⁵kɔ⁵⁵]

铁制的夹取柴火、煤块等物体的用具。打铁的用具中也有铁夹。

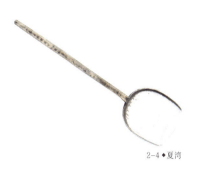

2-4 ◆夏湾

铲子 [tsʰa³⁵tsʅ³⁵]

炒菜的用具，一般下端部分是铁的，手柄是木或铁的。

2-6 ◆新华

甑 [tsai²¹]

蒸食用具，可用来蒸食物，也可以用来制酒。木制桶状，桶底是有空隙的木条，便于蒸汽穿透。

2-1 ◆上甘棠

煤炉 [məŋ⁴²lu⁴²]

烧煤的炉子，桶状、中空。20世纪80年代初开始使用，90年代比较盛行，现在只有少数老人家在用。

2-9 ◆上甘棠

2-11 ◆上甘棠

吹火 [tɕʰya³³fu³⁵]

灶子空间狭窄，放柴火较多时火容易熄灭，需要用吹火筒吹风助燃，使柴火充分燃烧。

提桶 [ti⁴²tʰai³⁵]

有提手的桶，塑料、木头或铝制成，上口略比下底大。

2-16 ◆夏湾

洗碗盆 [si³⁵ŋ³⁵pa⁴²]

专用来洗碗的盆，木质的，用来盛碗筷，也可以杀猪的时候装猪血或包粽子前用来装草灰水（把稻草烧成灰后加水浸泡而成，用来泡糯米）。

铁木勺 [tʰi⁵⁵mu²¹ɕi³³]

铁做的瓢状物，常用于喂猪。乡村厨师也会用它在红白喜事时做菜。

2-13 ◆夏湾

水勺 [ɕya³⁵ɕi³³]

也叫"搣水瓢" [va³⁵ɕya³⁵piau⁴²]，取水用具，常用葫芦、塑料或不锈钢制作。

2-12 ◆勾蓝瑶

中国语言文化典藏

2-10◆上江圩

拼 ⁼[pʰioŋ³³]

蒸制食物的时候，在蒸笼底部放的屉布，功能是防止食物跟蒸笼底粘在一起。以前有藤或者竹篾制的，现在棉质的比较常见。

2-17◆油茶街

栈 [tsa³³]

碗柜，可放盆碗、油、盐等。

管□皮 [kaŋ³⁵tsa²¹pɔ⁴²]

丝瓜瓤，用来洗碗。好洗、耐用、成本低。"□皮"[tsa²¹pɔ⁴²]指丝瓜。

竹刷 [liau⁵⁵ɕyɔ⁵⁵]

用来刷锅的用具，竹子做成。

2-14◆油茶街

2-15◆勾蓝瑶

2-19◆夏湾

酒操＝姆 [tsiau³⁵tsʰau³³məŋ⁰]

装液体的器具。一般用来装酒、油，还可以用来熬药。

2-21◆上甘棠

茶壶 [tsu⁴²hu⁴²]

用来盛白开水或茶水的容器，喝时就凉了，以方便饮用。陶瓷的居多。

刀架 [lau³³kɯɯə²¹]

插放刀具的架子，一般是木头或竹子做成，成本低，且占用空间小。

筷子操＝ [kʰuɔ²¹tsʅ³⁵tsʰau³³]

筷笼。一般用竹子制作而成，也有塑料的。

2-23◆勾蓝瑶

2-18◆新华

砧板 [lai³³pa³⁵]

砧板比普通案板厚实，用来砍骨头。

磨刀 [mu⁴²lau³³]

磨刀时，在磨刀石和刀面洒少许水，右手握住刀柄，拇指卡在刀背位置，其余手指按住刀面，在磨刀石上来回移动刀口的位置，使刀口变得锋利。当地人会选择砂岩材质的石头制作磨刀石。

盐子 [iŋ⁴²tɯə⁰]

装盐的容器，无盖儿，敞口。

2-27 ◆ 新华

竹床 [liau⁵⁵tu⁴²]

竹床。竹制的夏日使用的卧具，下面有四个脚，上面没有棚。

台面凳（之一）[tɔ⁴²məŋ³³lai²¹]

跟木床配套的踏板，方便上下床，也可用来摆放鞋子。

中
国
语
言
文
化
典
藏

2-25 ◆ 夏湾

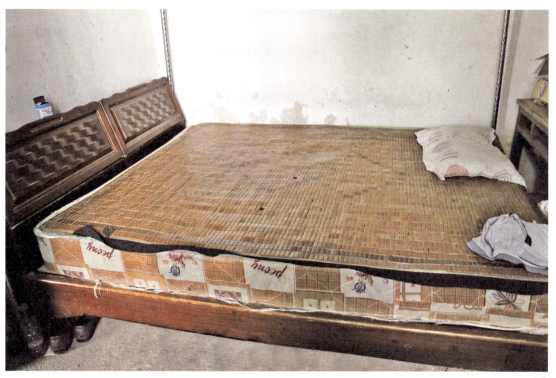

席子 [tsie³³tɯə⁰]

铺在床上夏日降温的生活用具，一般是竹、藤、蒲草等编织而成的。

木板床 [mu³³pa³⁵tu⁴²]

木床。木头制成的卧具，上有棚、有板，床的两边有雕花，有的床旁边还有护栏，防止小孩滚下床。

江永 贰·日常用具

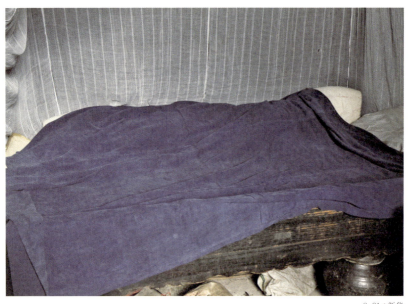

粗布被 [tsʰu³³pu²¹pɔ²¹]

用粗布做被套的被子。"粗布" [tsʰu³³pu²¹] 是手工纺织的土布，用棉花织成纱布，后用植物染料染成蓝色，一般用来做被单或被套。

棕垫 [tsai³³təŋ³³]

用棕皮纤维做成的垫子，一般放在席子和垫被下面。

枕宅＝脑 [tsaŋ²¹tsu³³nai³⁵]

枕头。有枕芯、枕套两部分构成。枕套一般是布做的，两边有绣花，枕芯里一般塞棉花、稻草等填充物。

2-33◆浦尾

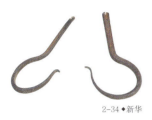

2-34◆新华

2-29◆新华

帐挂钩 [tɕiaŋ²¹kuɔ²¹kau³³]

木床上用来钩蚊帐的用具。

草垫 [tsʰau³⁵təŋ³³]

席草做的床垫。

垫被 [təŋ³³pɔ²¹]

秋冬时节，床板上会铺保暖的棉被，棉被上铺的床单叫"垫被"。

2-32◆新华

2-35 ◆浦尾

厅屋台 [tsʰioŋ³³vu⁵⁵tɔ⁴²]

也叫"四方台" [sa²¹faŋ³³tɔ⁴²]，放在客厅的木方桌。有的桌子侧面会雕有仙童，跟方桌配套的凳子叫"四脚凳" [sa²¹tɕi⁵⁵lai²¹]。

火锅台 [fu³⁵kuɔ³³tɔ⁴2]

专用来吃火锅的桌子，桌子中间有一个圆形的洞，用于放置火锅。

2-36 ◆油茶街

中国语言文化典藏

2-37 ◆油茶街

台柜 [tɔ⁴²kua³³]

抽屉。

梳妆柜 [su³³tsaŋ³³kua³³]

用来梳妆的柜子。

2-38 ◆上江圩

2-39 ◆油茶街

太师椅 [tʰɔ²¹sɯə³³i³⁵]

一种老式的木椅，有靠背、扶手，木料名贵、厚实，上有雕花，一般成对摆放。

靠背椅 [kʰau²¹pɯ²¹i³⁵]

有靠背无扶手的椅子，一般是木头做的。

2-40 ◆上江圩

2-41◆新华

竹椅 [liau⁵⁵i³⁵]

竹制的椅子。

2-42◆浦尾

藤椅 [tai⁴²i³⁵]

用藤子编织的椅子。

2-43 ◆新华

2-44 ◆新华

方凳 [faŋ³³lai²¹]

　方形的凳子。

□凳 [kaŋ⁴²lai²¹]

　圆凳。

2-45 ◆夏湾

台面凳（之二） [tɔ⁴²məŋ³³lai²¹]

　与客厅桌子配套使用的凳子，有四张，每张坐两个人，也叫作双人凳。

2-48 ◆浦尾

2-47 ◆上廿棠

林⸗车 [lai⁴²tɕʰye³³]

幼童的坐具。

矮凳 [ɔ³⁵lai²¹]

用木工边角料钉的小板凳,有圆形、长方形、正方形等不同形状的。

大凳 [tɔ³³lai²¹]

木制的宽凳子,摆放在厅堂的上八位,以前,家家户户都有这种凳子,现在很难见到了。

2-46 ◆夏湾

中国语言文化典藏

2-51 ◆勾蓝瑶

芒穗秆 [maŋ⁵⁵ɕy²¹kaŋ³⁵]

用高粱的秆与穗制成的扫帚，可用来扫房屋。

铁扫斋 ⁼[tʰi⁵⁵sau²¹tsɔ³³]

用当地人种的一种叫"夜关门"的植物制成的扫帚，用来扫地、清理墙上的蜘蛛网，较耐用。这种植物也可以做药材。

棕毛秆 [tsai³³mau⁴²kaŋ³⁵]

用棕毛制成的扫帚，一般用来打扫房间。

2-50 ◆新华

2-49 ◆上江圩

67

马灯 [mu²¹lai³³]

　　一种可以手提的也可以悬挂的防风雨的煤油灯。

撮子 [tsʰɔ²¹tuɘ⁰]

　　扫地时用来装垃圾的用具。传统的撮子是用木头制成的，现在铁的、不锈钢的居多。以前没有撮子，一般用粪箕收垃圾。

烘鱼拼 ⁼[haŋ²¹ŋu⁴²pʰioŋ³³]

　　烘鱼的网状用具，铁丝制成。

烘笼 [haŋ²¹loŋ⁴²]

　　烘衣服、鞋袜的笼子，竹篾编织而成。

2-58 ◆ 新华

2-54 ◆ 新华

蒲扇 [pu⁴²ɕiŋ²¹]

用棕叶制成的扇子，非常轻便，夏天用来驱蚊、纳凉。

衣架 [ɔ³³kuɯə²¹]

晾衣服的工具。传统衣架是自己用木头或者铁丝制作的，现在一般直接购买塑料成品。

摊衣竹姆 [tʰaŋ³³ɔ³³liau⁵⁵məŋ⁰]

用来晒衣的竹竿。一般搭在屋外树杈上、门外台阶上或者阳台、顶楼上。一般用毛竹制成，比较耐用。也可以用来晾红薯粉、干菜等。

2-53 ◆ 勾蓝瑶

2-61 ◆新华

玻璃脑 [pu³³la⁴²nau³⁵]

　　用来腌制萝卜、豆角等蔬菜的玻璃坛子。玻璃制的坛子较漂亮，还可直接观察到食物的变化。

2-64 ◆新华

铜锁 [tai⁴²suɯ³⁵]

　　铜制的锁。配套的钥匙一般是长条状的铜棍。不过这种铜锁安全性不高，容易被打开，现在已经不用。

窠姆 [kʰu³³məŋ⁰]

　　也可以说"酒窠姆"，用来装酒的坛子，上口较狭窄，酒不易挥发，可保存酒的醇香。"窠"本调为 55，这里变调为 33。

水缸 [ɕya³⁵kaŋ³³]

　　装水、米、稻谷的大缸。

2-60 ◆勾蓝瑶

2-62 ◆浦尾

脑 [nau³⁵]

盛放腌菜的容器，一般是陶土坯烧制而成。有的带沿儿，盖上盖儿以后，在边沿放水便可使食物与空气隔绝。

2-59 ◆ 新华

三脚柜 [soŋ³³tɕi⁵⁵kua³³]

收纳存放杂物的传统柜具，一般用木头或竹子制成。可放在墙角，占用空间小。缺点是不稳固、易倒塌，不能摆放重物。20世纪90年代使用较为普遍。

衣柜 [ɔ³³kua³³]

收纳存放衣物的柜具，传统衣柜一般是木头制的。

2-65 ◆ 勾蓝瑶

2-63 ◆ 油茶街

2-67 ◆新华

谷柜 [ku^{55}kua^{33}]

装粮食的大柜子，大部分都是杉木制的。空间较大的可装50千克左右的稻谷。一般保存在阁楼上，便于通风防潮。谷柜上面可以铺被睡觉。

牛柜 [ŋau^{42}kua^{33}]

大木柜（见图2-68左侧），可以放置棉被、不穿的衣物等，一般用杉木制成，里面用木板隔开，常常放在阁楼上，便于通风防潮。

2-68 ◆新华

2-69◆新华

埋⁼升 [mɔ⁴²ɕie³³]

小量筒，能装 400 克左右大米。自家用竹筒制作而成，容积大小不同。大的量筒叫"升缸"[ɕie³³kaŋ³³]，大概是"埋⁼升"的两倍。

2-66◆新华

梳妆盒 [su³³tsaŋ³³hɔ³³]

放梳妆用品的盒子，雕刻各式各样的花纹。旧时家庭条件较好的女性都有这种梳妆盒，也常作为女性结婚时的嫁妆。大户人家的梳妆盒更加精美，还可与镜子、柜子配套使用。

□笼 [pʰai⁵⁵loŋ⁴²]

一种织得比较密的单肩背篓，竹篾制成。可以用来装茶叶、花生、玉米或者鸡蛋等。"□"[pʰai⁵⁵]是单肩背的意思。

四□勾 [sa²¹n.ie⁵⁵kau³³]

四根长竹片做提手的篮子，竹篾编制。篮子空隙大，一般用来装蔬菜、瓜果、鱼虾等。"□"[n.ie⁵⁵]读变调，可能是"耳"的音变。

2-71◆新华

2-70◆新华

江永 贰·日常用具

2-74 ◆油茶街

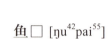

2-77 ◆油茶街

菜笼 [tsʰɔ²¹lʊŋ⁴²]

竹篾制作的装菜的笼子，悬挂在梁上，可防止老鼠啃咬、偷食。

鱼□ [ŋu⁴²pai⁵⁵]

打鱼或拾田螺的时候使用的篓子。

石坎 [çye³³hai³⁵]

石臼，形状像盆。大的（见图 2-78）用于舂糍粑，使其更有弹性。小的（见图 2-79）用于捣碎肉、辣椒粉、花生酱、芝麻酱等。

2-78 ◆上江圩

2-79 ◆新华

2-72◆上江圩

2-75◆油茶街

花勾 [fɯə³³kau³³]

　　有提手的篮子，竹篾编制，椭圆形状。日常可以用来装花生、红枣等。妇女走亲戚时用来装金银首饰、糖果等礼品。下聘礼时也会用它来装东西，一般会准备成对的礼品。

菜勾 [tsʰɔ²¹kau³³]

　　竹篾编制的篮子。空间大、开口大，有提手，轻便。便于摘茄子、辣椒、豆角等蔬菜后直接放入篮子。

2-73◆夏湾

提勾 [ti⁴²kau³³]

　　带提手的篮子，竹篾制作，节庆时用来装点心等，一般配有盖。

2-76◆新华街

鸡槽 [tɕi³³tsau⁴²]

　　鸡进食的容器，一般是木制的，长条形。

茶籽枯 [tsu⁴²tsɿ³⁵hu³³]

茶籽饼。将油菜籽烘干后碾碎，再将其蒸熟，接着用稻草包扎，放入榨油工具中手工挤压榨油，剩下的就是茶籽枯，可当肥料使用。茶籽枯有杀虫功效，还可以用作捕鱼、喂猪。芝麻、花生等榨油后也制成类似的饼状物。

碓坎 [lie²¹hai³⁵]

碓臼。舂米用具的一部分，是带孔的石头做成。与"碓柱"[lie²¹tɕiu²¹]、"碓挖"[lie²¹vɔ⁵⁵]配套使用，"碓柱"是长木棒，作为杠杆，"碓挖"是垂直嵌在"碓柱"一端的木杵。人用脚连续踏"碓柱"的另一端，捶打"碓坎"内的米。

围筛 [va³³sɔ³³]

去除稻谷中较大杂质的筛子，让稻谷从筛子中漏出，杂质留在筛子中。

2-83 ◆夏湾

糍破⁼焦⁼ [tsɔ⁴²pʰu²¹tɕiau³³]

做糍粑的簸箕。"糍" [tsɔ⁴²] 指糍粑，"破⁼焦⁼" [pʰu²¹tɕiau³³] 指簸箕。揉糯米粉时使用，没有孔，较密，表面平滑。

米筛 [mi²¹sɔ³³]

竹篾编制的筛子，有细密的孔，用来筛米粒，去除碎米粒或者小沙粒。

2-82 ◆夏湾

2-86 ◆新华

印子盒 [ie²¹tɯə⁰hɔ³³]

做糍粑的模具，一般是木制的，底座是铲形，中间有两个大小不等的圆槽，槽底有花纹。

搓衣板 [tsʰɯ³³ɔ³³pa³⁵]

洗衣服的工具。木制，长方形，内有若干道凹槽，便于搓洗。现在几乎不用了。

2-84 ◆新华

在江永，汉族和少数民族服饰差异较大。当地少数民族服装比较讲究，颜色鲜艳，款式都是自己民族特有的，汉族相对朴素。

传统汉族男性流行戴鸭舌帽、军帽，女性流行戴毛线帽。服装比较朴素，一般是家织布制作，多纯色。20世纪70年代以前，男性较常穿黑、灰、蓝、军绿等颜色，女性穿蓝色、灰色、黑色较多。女式上装一般是斜襟的，男式上装则为大襟。裤子，无论男女都很宽大，常用裤带捆扎。以前人们多穿布鞋，20世纪70年代之后，开始流行各种胶底鞋、皮鞋。

当地首饰以银、铜制品居多，女儿出嫁的时候，母亲会为其准备银质首饰，最常见的是银手镯。当地女性戴铜制首饰的也不少，一是更为经济，二是当地百姓认为铜

制品有辟邪的效果。除了女性，小孩也常常戴铜制首饰，如铜手镯，虎头帽上也常常有铜铃铛，还常配有桃核、铜制小宝剑。

　　过去，江永女性有娴熟的纺纱、织布、编织、刺绣手艺，一家老小的毛衣、鞋垫、布鞋，小孩夏天戴的肚兜、吃饭用的口水兜以及装饰用的花带都由当地女性手工制作，坏了缝缝补补后继续穿。在诸多女书作品中，有不少女红活动的记录，有的女书直接织在花带、鞋垫或被面上。女红满足了人们的生活需要，当地女性也乐于彼此切磋技艺，一边做针线活，一边唱女歌，在忙碌的生活中找到自娱自乐的放松方式，并结下了深厚的情谊。现在人们更倾向于买成衣，因为选择多、途径广、丰俭由人，一度吃香的裁缝行业也逐渐没落了。

寒天衣 [haŋ⁴²tʰəŋ³³ɔ³³]

    冬天的衣服。过去藏蓝色的较多。

二八月衣 [na³³pɔ⁵⁵ȵye³³ɔ³³]

    春秋季节的衣服。

横服衣 [va⁴²fu³³ɔ³³]

胸口斜开襟的上衣。"横"是斜的意思。

棉衣 [məŋ⁴²ɔ³³]

絮有棉花的外套。从外到里有三层：面子、棉花、里子，面子用的多为的确良材质的布料，里子用的是轻薄的布料。传统的女性棉衣的面子颜色是红、灰、蓝居多；男性的则是藏蓝色、蓝色、军绿色居多。

江永 衣·服饰

3-6 ◆新华

3-8 ◆新华

皮衣 [po⁴²ɔ³³]

以前皮衣比较贵重，江永穿皮衣的很少。20 世纪 70 年代后，当地人开始穿皮衣。有羊皮的、牛皮的，颜色以棕色、黑色为主，较耐脏。皮衣轻便、防风、保暖，一般冬天穿。

棉毛衫 [mən⁴²mau⁴²su³³]

冬天穿的一种长袖保暖内衣，也可当睡衣穿。素色居多。

3-9 ◆新华

卫生衣 [va³³sa³³ɔ³³]

用棉纱制成的保暖衣，秋冬季或早春季节穿，颜色多为绿色、枣红色。里层有绒，也称为"绒衣"。穿卫生衣之前要穿一件汗衣。如果天气非常寒冷，还需在卫生衣外层再加一件棉衣。20 世纪 60 年代到 80 年代较流行，现在很少有人穿了。

双衣 [saŋ³³ɔ³³]

夹衣。双层的衣服，里层一般是较薄的布料，外层多是灯芯绒做成的。

棉线衣 [məŋ⁴²səŋ²¹ɔ³³]

毛线编织的上衣，以前都是妇女手工制作。

呢子衣 [ɲi³³tsɿ³⁵ɔ³³]

呢子布料制作的大衣。男式的黑色、藏蓝色的居多；女式的红色、黑色、蓝色的居多。以前呢子衣无法自己制作，也比较贵重，比较少见，一般是结婚时男方家负责购买。女式呢子衣还常常有毛线织的领子。

3-13 ◆新华

3-12 ◆新华

棉裤 [məŋ⁴²hu²¹]

絮有棉花的裤子，冬天穿，保暖效果好。老年人、小孩穿的居多，棉裤颜色一般是深色的，外面还要套一层裤子，防止弄脏棉裤。

卫生裤 [va³³sa³³hu²¹]

用棉纱制成的保暖裤，秋冬季或早春季节穿，颜色多为绿色、枣红色，里层有绒。穿卫生裤之前要穿一条棉毛衫裤。20世纪60年代到80年代较流行，现在很少有人穿了。

3-11 ◆浦尾

3-14 ◆新华

裤 [hu²¹]

裤子。过去的裤子一般都是手工制作的。20世纪80年代以前，流行穿家织布的粗布裤子。女式秋冬的裤子在侧面钉纽扣，裤头比较宽松，另有一根绳子系在裤头。男式的裤子一般是在前面钉纽扣。

空腹裤 [hai³³pu⁵⁵hu²¹]

小孩穿的开裆裤，也叫"空屁裤"[hai³³pʰa²¹hu²¹]。有单层的，也有毛线的，常见材质有棉纱、粗布、毛线等。以前还有一种开裆裤，裤头上有一块遮肚脐的布，连接挂在脖子或肩上的两条布带，防止脱落。

背心 [pɯ²¹sai³³]

夏天穿的单层无领无袖的上衣，纯色的居多。男性穿得较多。

棉背心 [məŋ⁴²pɯ²¹sai³³]

絮有棉花的背心，御寒效果好，老人、小孩穿得多。现在多絮鸭绒，更暖和、轻巧。

围裙 [va⁴²tɕye⁴²]

穿在外套上，挂于脖下并系于腰间的罩衣。可防止外套变脏，女性围裙上往往有绣花。女性做家务时穿得多，男性在红白喜事上做事情的时候也会穿。

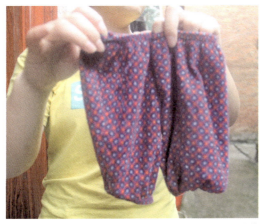

3-21 ◆新华

假衣袖 [kuɯə³⁵ɔ³³tsiau³³]

　　袖套。做家务时使用，防止衣服变脏。以前袖套一般是手工制作的，材料也往往是不穿的旧衣物。

蓑衣 [su³³ɔ³³]

　　用棕树外皮编织的能够遮挡风雨的衣服。肩膀两边宽，长度可盖住屁股。

3-20 ◆上甘棠

3-23 ◆新华

暖肚子 [naŋ²¹tu²¹tsʅ³⁵]

　　肚兜。用来保护小孩肚脐，防止受凉。

披肩 [pʰi³³tɕiŋ³³]

　　披在肩上点缀衣物的东西，主体部分是布做的，也常常有绣花，缀有金属饰品或流苏。

3-18 ◆浦尾

3-24 ◆浦尾

缠脚包 [tɕiŋ⁴²tɕi⁵⁵piau³³]

绑在腿上的布。可用来保护腿部，也有装饰作用。以前裹小脚的女性会用。

口水皮 [hau³⁵ɕya³⁵pɔ⁴²]

口水兜。防止小孩流口水、吃饭时弄脏衣物的布制品。一般是拼布做成的，讲究的还会绣有图案或者寓意吉利的字样。

3-19 ◆浦尾

带姆 [lɔ²¹məŋ⁰]

手工制作的长布带，或宽或窄。可以作为衣服的装饰品，可以用来捆扎背小孩，还可以牵引小孩学走路。以前女性出嫁前，其母会买彩布，绣上象征荣华富贵、吉祥如意的图案或字样，制作布带作为嫁妆。在上江圩一带，流行把女书织到布带上，图3-24中女性腿上放的就是女书字样参考本。

3-22 ◆新华

3-26 ◆浦尾

3-25 ◆新华

包裙 [piau³³tçye⁴²]

背小孩用的布，一般有一根细的布带配套使用，可以固定小孩，也可以防风、保暖。

钱袋 [tsən⁴²tɔ³³]

手工缝制的用来装钱的小袋子，一般会有绣花。

绣花 [siau²¹fuɘ³³]

以绣针引彩线，在丝绸、布帛等织物上刺缀运针，构成图案或者文字。当地最有特色的是带有女书字样的绣花。

江永妇女，尤其是瑶族女性擅长刺绣，手法分手绣和结绣两种。刺绣材料有棉布、绸缎和丝线，主要用于点缀各种服饰，也可以装饰被面、枕套、肚兜、头巾、提袋、香袋、荷包。花纹图案除动植物外，还采用三角形、正方形、菱形、圆形、波浪形、之字形等几何图案。

3-27 ◆浦尾

中国语言文化典藏

3-29◆浦尾

毛毛子帽 [mau⁴²mau⁴²tsʅ³⁵mau³³]

　　婴儿戴的布帽。一般出生时戴，可戴到两岁。帽顶开有一个小孔，便于透气。冬天，可以在布中间絮棉花，用于保暖。

棉线帽 [məŋ⁴²səŋ²¹mau³³]

　　用毛线织成的帽子。御寒效果较好，以前手工织的较多，现在都是在集市上购买。

汇水矢·服饰

3-28◆新华

3-37 ◆ 新华

3-36 ◆ 浦尾

棉鞋 [məŋ⁴²hɔ⁴²]

　　鞋帮和鞋底中间絮有棉花的鞋子，保暖效果较好，常见的鞋面是灯芯绒的。

布鞋 [pu²¹hɔ⁴²]

　　主要用布做的鞋。过去布鞋多是手工制作的，大部分妇女都有做布鞋、纳鞋底的技艺。布鞋的布面一般是素色的，黑色最常见。

草帽 [tsʰau³⁵mau³³]

　　稻草做的帽子，不能挡雨，只用来遮阳。

3-34 ◆ 上江圩

鸭舌帽 [vɯə⁵⁵ɕi⁵⁵mau³³]

　　帽顶平且有帽舌的帽子，一般用呢子布或者卡其布做成，有保暖的效果。

3-30 ◆ 新华

笠头 [la³³tau⁴²]

　　竹篾制成的帽子，下面有一层油纸，可以挡雨、遮阳。江永的斗笠大部分来自祁阳。

3-35 ◆ 上甘棠

3-33 ◆新华

帕头 [pʰɯə²¹tau⁴²]

　　包在头上的布或者纱巾，粗布的最常见。
可用来遮阳、保暖，也有防尘、装饰效果。

3-32 ◆新华

吹凉帽 [tɕʰya³³liaŋ⁴²mau³³]

　　夏天戴的帽子。一般是用边角布料裁成一块细长的布条，无顶，头尾有布扣，可系绳子，围在头上。小孩、老太太戴的比较多。小孩的吹凉帽颜色比较丰富，额头上方位置多有精致的绣花，比如八仙过海、土地公公等图案，有时还会缀以玉石、铃铛，当地人认为可以辟邪。老太太的吹凉帽素色的居多，最常见的是黑色的，偶有缀有玉石的。

3-31 ◆浦尾

3-43◆新华

袜底 [mɔ³³li³⁵]

鞋垫，用边角布料缝三至五层制成。女式的可能有花纹，男式的一般是素色的。主要功能是保暖、防湿、防止鞋底变脏。过去的鞋垫多由妇女手工制成。

3-38◆浦尾

皮鞋 [pɔ⁴²hɔ⁴²]

以皮革为鞋面，以皮革、橡胶、塑料等材料为鞋底的鞋。

解放鞋 [kɔ³⁵faŋ²¹hɔ⁴²]

从部队流行到社会的一种布鞋，鞋底是橡胶的，鞋面是绿色帆布的。这种鞋轻便、结实，适合出行、劳作。"放"在口语词中读 [pən²¹]，这里是文读。

绣花鞋 [siau²¹fɯə³³hɔ⁴²]

运用绣花技术制成的布鞋，颜色比一般的鞋子更丰富。以前女性穿，现在一般是唱戏的人穿。

3-39◆新华

3-42◆新华

棉线袜 [məŋ⁴²səŋ²¹mɔ³³]

　　手工织成的毛袜，保暖效果较好。一般给不会走路的幼儿冬天穿，老人也常穿。小孩的棉线袜往往是彩色的，花纹比较精致。老人的一般是素色的，样式比较简单。

3-45 ◆新华

短脚鞋 [laŋ³⁵tɕi⁵⁵hɔ⁴²]

　　小脚鞋。脚后跟宽，脚尖细。以前富裕人家的女子自己手工制作小脚鞋，鞋面一般是素色做底，绣有花草，出嫁的时候则穿红色的小脚鞋。过去女性三岁就开始裹脚，穿小脚鞋的时候，先用布条将脚趾全部裹起来，然后塞进鞋中。

3-41 ◆浦尾

草鞋 [tsʰau³⁵hɔ⁴²]

　　用草手工编成的鞋。

棉线鞋 [məŋ⁴²səŋ²¹hɔ⁴²]

　　鞋面由棉线织成的鞋，鞋底一般是橡胶的。

3-44 ◆勾蓝瑶

3-40 ◆浦尾

3-51 ◆潇浦街

脚铃 [tɕi⁵⁵liɔŋ⁴²]

套在脚腕子上带有小铃的环形装饰品，多用银、铜等做成。铜制的较多，用于辟邪。脚铃和手铃往往可以互换，只有佩戴位置不同。妇女、小孩儿身上都有类似的银饰品。

簪 [tsoŋ³³]

用来固定和装饰头发的一种首饰。有木头的、玉的和金属的。

3-46 ◆知青广场

中国语言文化典藏

96

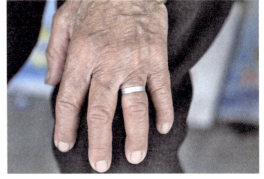

3-50 ◆新华　　　　　　　　　　　　　　3-49 ◆新华

手□ [ɕiau³⁵kʰua²¹]

手镯。金、银、玉的都多，铜的也有。

戒指 [kɔ²¹tsɯə³⁵]

戴在手指上的装饰品。金、银较多，玉的少。

耳环 [n̠i²¹va⁴²]

戴在耳朵上的饰品。以前老一辈妇女戴银耳环的较多，金的较少。

项链 [ɕiaŋ²¹lən³³]

挂在脖子上的链条状的首饰。银制的较多，也有金的。这里"项"是官话音。

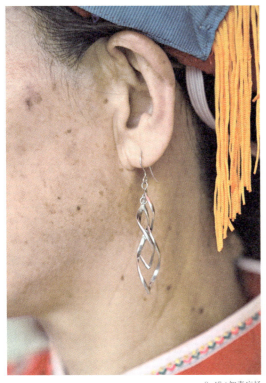

3-47 ◆知青广场　　　　　　　　　　　3-48 ◆知青广场

肆·饮食

　　江永地处湘南，属于亚热带季风湿润气候，气候温和，雨量充沛；严寒期短，生长期长，很适合农作物生产。粮食作物以水稻为主，有两季，分别在农历三月、八月插秧。除此之外，还有玉米、油菜、棉花、红薯、黄豆、生姜等作物。当地的果产品有香柚、夏橙、柑橘、甘蔗、杨梅等。

　　当地人一日三餐，如果外出劳作，早餐吃米饭，其他不干重劳力活的人，早餐多吃米粉、面条、粥等，往往还配点腌制的小菜。中餐、晚餐都是吃米饭，菜则是荤素搭配。

　　江永人以大米为主食，玉米、红薯等多作为零食。当地人嗜辣，喜欢腊味、糍粑、腌菜。除了青菜和汤，其他菜几乎都要放辣椒。腊肉、腊鱼、腊鸭、香肠是当地的传统菜，平常或宴席上都会吃。当地的仔姜尤为有名，肉嫩无渣，吃法多样，可凉拌、

炒菜、腌制。清《永明县志》记载："筠篮处处卖红姜。"糍粑类、粽子类的食品在所有重要的节日几乎都会出现，在婚丧嫁娶等场合也会作为礼品。豆腐类的食品、菜式也非常多，平时、节庆都吃。当地人习惯腌制各种小菜，比如萝卜、生姜、泡椒、豆角等。菜一般以煎、炒、煮为主。清明时节，酸菜、竹笋炒腊肉吃得最多。冬天的时候，人们喜欢吃猪蹄，用萝卜煲排骨，早餐会出现用当季的冬豆炒的糯米饭。

当地人好酒，几乎家家户户都自酿米酒、果酒，有"无鸡不成席，无酒不成宴"的说法。米酒最为常见，也有果酒、药酒。打油茶原本是大山里瑶族人的日常，后来传到了汉人中间。当地还流传这样的一首民歌："进了木楼是一家，花生炒米打油茶，过路客人喝三碗，十万大山也能爬。"

线粉 [sən²¹fai³⁵]

细长条的米粉，以大米为原料，经浸泡、蒸煮、压条、晒干等工序制成。一般作为早餐，食用之前，先用开水烫软，一般做汤粉居多，也可用来炒。

4-5◆知青广场

炒粉 [tsʰɯ³⁵fai³⁵]

将米粉在水中稍微焯一下，然后用油炒制而成，一般还会加入猪肉、猪肝、青菜叶。

4-4 ◆知青广场

卤粉 [lu²¹fai³⁵]

从广西桂林引进的一种米粉吃法。将米粉在热水中煮熟，放入油、盐、酱油、葱花、蒜泥等配料，加上卤水、臊子，配上辣椒、酸豆角、海带等小菜，就成了卤粉。

爿米粉 [pa⁴²mi²¹fai³⁵]

扁米粉，经过浸泡、蒸煮、压条等工序制成。与细长条的米粉不同，扁米粉加工时无须晒干。但吃法相同，可做汤、可炒。一般作为早餐食用。"爿"是扁的意思。

汤粉 [tʰaŋ³³fai³⁵]

将米粉在开水中烫熟，放入用猪骨头搭配香叶、桂皮、黄豆等熬制的汤里，上面放臊子。当地常见的汤粉臊子是肉丝，吃粉的时候，还常用辣椒、酸豆角或酸萝卜做小菜。

4-1 ◆知青广场

4-3 ◆知青广场

红薯粉 [hai⁴²ɕiu⁴²fai³⁵]

用红薯做成的粉条或粉丝，有宽有细。制作方法如下：先将晒干的薯粉放在开水锅里煮成黏稠的糊状，搅匀后放在漏斗里挤压成粉丝，将红薯粉置于凉水中固定形状后，最后在屋外挂晒。可作为早餐食用，也可制成菜肴或烫火锅。

4-7 ◆夏湾

包子 [piau³³tɯə⁰]

一般作为早餐，配粥食用。常见的有肉包、糖包、豆沙包、韭菜包。

4-8 ◆知青广场

手筋结 [ɕiau³⁵tɕie³³tɕi⁵⁵]

麻花。面粉、鸡蛋、盐混合制成的油炸食品，口感脆爽。用来当零食。

麻子牯糍 [mu⁴²tuɯə⁰ku⁵⁵tsɔ⁴²]

用糯米粉制成的圆形的中空麻团，放到油锅中炸至金黄，出锅时裹芝麻，是一种副食，可作为早餐，也可当作零食。"牯"读变调。

麻子糍 [mu⁴²tuɯə⁰tsɔ⁴²]

混合糯米粉、黄砂糖制成的实心小圆团，在油锅中炸至金黄色，最后裹一层芝麻。用来当零食。

4-9 ◆上江圩

4-10 ◆千家峒街

4-14 ◆夏湾

4-16 ◆知青广场

糖糍 [taŋ⁴²tsɔ⁴²]

用糯米、红糖混合做出的甜味儿的糍粑。

泡米粉 [pʰiau³³mi²¹fai³⁵]

大米花。大米制成的膨化零食，长棍状。

油条 [iau⁴²tsi⁴²]

一种长条形的油炸面食。可作为早餐，也可以搭配辣椒、肉丝一起炒成一道菜。

泡米花 [pʰiau³³mi²¹fɯə³³]

一种米制的零食，米加油炒制而成。当地人常常用这种爆米花煮汤给小孩食用，认为这可以治尿床。桃川一带吃炒米较多，在其他地方，炒米一般用来搭配油茶食用。

4-17 ◆ 夏湾

铁糍 [tʰi⁵⁵tsɔ⁴²]

煎糍粑。图4-13为高粱、米粉混合制成的糍粑，一般是冬天烤着做零食吃，吃的时候蘸白糖。

4-13 ◆ 千家峒街

烤饼 [kʰau⁵⁵pioŋ³⁵]

馅饼。将面粉和好后，包上韭菜、胡萝卜、酸菜、肉等混合的馅儿煎制而成的食品。

4-12 ◆ 夏湾

船油糍 [ɕyŋ⁴²iau⁴²tsɔ⁴²]

在糯米粉里混入少量肉或青菜煎煮而成的咸味糍粑。

4-15 ◆ 夏湾

4-20 ◆知青广场

4-18 ◆上甘棠

豆腐脑 [tau³³fu²¹nai³⁵]

没有压干水分之前的絮状豆腐。吃的时候加一点糖，味道更加香甜。

北瓜糍 [puɯ⁵⁵kuɯə³³tsɔ⁴²]

南瓜饼。将南瓜煮熟后再加糯米粉炸成的零食，一般有芝麻或花生馅儿。

蜜糖 [ma³³taŋ⁴²]

蜂蜜。当地蜜蜂有些是家养的，有些是野生的。

4-22 ◆上江圩

中国语言文化典藏

4-23◆夏湾

4-21◆上江圩

茶叶 [tsu⁴²;i³³]

江永的茶叶一般是大片的，还有野生大叶茶。谷雨时候茶树发出来的嫩芽是谷雨茶，品质最佳。

拜⁼豆腐 [pɔ²¹tau³³fu²¹]

炸豆腐。炸豆腐有片状的、四方形的、三角形的。有些用来炒菜，有的里面放肉、芋头，做成豆腐丸子。

排散 [pɔ⁴²sa³⁵]

一种咸味的油炸食品，口感爽脆。面粉、油、盐混合做成面团，发酵后将面团用刀切条，揉成圆柱形放进油里浸泡，然后把长面条缠绕在竹竿上16圈，顺势拉成长条油炸。一般配合油茶食用，也可以用来炒肉、炒辣椒。

4-19◆夏湾

4-25 ◆夏湾

宝⁼油茶 [pau³⁵iau⁴²tsu⁴²]

打油茶。"宝⁼" [pau³⁵]，是打的意思。过程如下：将采摘的茶叶翻炒，配上猪油、生姜、大蒜等，用茶杵捶打至烂，然后加水煮，让味道充分进入水中。出锅时，还可加上葱花，配上炒米、炒花生、炒黄豆等小食。

4-24 ◆夏湾

油茶 [iau⁴²tsu⁴²]

从瑶族传过来的一道食品。用翻炒的茶叶配上猪油、生姜、大蒜等，捶烂后加水煮成。以前瑶族人生活在湿冷的大山里，吃油茶有祛湿、消食的功能。第一锅油茶往往有点苦，第二锅有点涩，后面的会越吃越香。

4-26 ◆夏湾

4-27 ◆勾蓝瑶

油茶抓 ＝[iau⁴²tsu⁴²tɕɤɔ³³]

茶杵。用来打油茶用的，主要功能是捶打捣碎茶叶、生姜、大蒜等混合物。"抓 ＝"的本字可能是"槌"。

麻集 ＝[mu⁴²tsa³³]

荸荠。六月份左右种植，冬季收获，桃川一带种植较多。可直接食用，但煮熟后再食用较卫生，清脆香甜。可以刮净皮、捣碎，再配面粉、鸡蛋、瘦肉，做成丸子食用，也可以用来煲骨头、鸡肉，是一道降火的菜。"集 ＝"的本字可能是"荠"。一些湘南土话把荸荠称为"马荠"或"麻荠"。

凉粉 [liaŋ⁴²fai³⁵]

夏季解暑的饮品。人们将秋天在山上采摘的野生凉粉果（又名劈荔果）晒干，取出种子，夏天用纱布包好在干净的凉开水（过去用井水）中泡透后，搓出浓稠的黏液，放置一段时间冷却后便凝结成果冻状，加薄荷、红糖或醋即可食用。

凉薯 [liaŋ⁴²ɕiu⁴²]

豆薯。一种肉白脆甜的植物，可用来当水果吃，也可以拿来做菜。

4-29 ◆上江圩

4-28 ◆勾蓝瑶

满⁼集⁼[maŋ²¹tsa³³]

香柚。江永香柚非常出名，粗石江、桃川种植最多，一般是霜降后成熟，此时采摘，柚子糖分比较充足，更加香甜。江永香柚形似葫芦，单果一般重一两千克，香甜汁多。"集⁼"的本字可能是"荞"。

夏橙[ɕia²¹tsʰəŋ⁴²]

甜橙类柑橘中的一个特殊品种，一般夏季的六月底七月初成熟采收，故得其名。夏橙主要在江永的粗石江、源口、桃川、铜山岭出产，在上江圩并没有，所以这里的"夏橙"念的是官话音。土话"夏"做地名的时候念 [fɯ²¹]，在"夏至"一词中念 [fɯ³³]。

炒鸡肉 [tsʰɯ³⁵tɕi³³vu³⁵]

4-34 ◆ 上甘棠

当地的一道家常菜，过年过节亦常吃。炒鸡肉时必不可少的是生姜，用来去除腥味。

血鸭 [ɕy⁵⁵vɯə⁵⁵]

当地的一道名菜。将切块的鸭肉、食盐、酒、生姜、蒜头、辣椒放到一起炒，出锅前将拌匀的鸭血倒入锅中。姜一般选取当地鲜嫩的仔姜，爽脆可口。鸭血香滑，鸭肉鲜嫩。

笋子炒腊肉 [ɕye³⁵tsɹ³⁵tsʰɯ³⁵lu³³vu³⁵]

清明前后，山上长竹笋，采摘回来切成段状，配上腊肉、酸菜一起炒。酸菜既可以下饭，也可以去除竹笋苦涩的味道。竹笋的鲜，可与腊肉的香搭配在一起。"肉" [vu³⁵]读变调。

4-32 ◆ 勾蓝瑶

4-33 ◆ 上江圩

4-39◆新华

4-35◆上甘棠

炒牛肉 [tsʰɯ³⁵ŋau⁴²vu³⁵]

一道家常菜，红白喜事时也都有。以前，江永人除了五月份不吃牛肉，其他时间都吃，有"五月份吃牛肉会长癞疮"的说法。

豆腐子炒肉 [tau³³fu²¹tsɿ³⁵tsʰɯ³⁵vu³⁵]

香干炒肉。香干是豆腐压干后，在炉灶边烤干制成，比较有嚼劲儿。香干一般搭配猪肉、辣椒一起炒。

4-36◆上甘棠

红烧鱼 [hai⁴²ɕi³³ŋu⁴²]

油热好后，将鱼放进锅里煎至双面呈黄色再加点水煮熟，常见配料有辣椒、生姜、小葱。

4-38◆新华

猪路⁼泽⁼[liu³³lu³³tsu³³]

猪肠，"路⁼泽⁼"是猪肠。做法是将猪肠用食盐、醋洗净后，放到锅里焯水捞出，切成小段，直接放锅里加酸豆角、酸萝卜爆炒。一般过年杀猪的时候，猪肠主要拿来灌血肠。

中国语言文化典藏

4-42 ◆ 夏湾

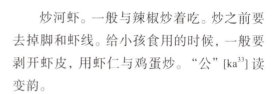

4-41 ◆ 上江圩

苦瓜酿肉 [hu³⁵kuɯə³³ȵiaŋ³³vu³⁵]

将苦瓜切段后掏空洗净，将剁碎的猪肉塞进苦瓜里，用来蒸或煎。当地人认为苦瓜清凉，吃了不易长痱子，因此夏季食用较多。

炒虾公 [tsʰɯ³⁵fɯə³³ka³³]

炒河虾。一般与辣椒炒着吃。炒之前要去掉脚和虾线。给小孩食用的时候，一般要剥开虾皮，用虾仁与鸡蛋炒。"公" [ka³³] 读变韵。

扣肉 [kʰau²¹vu³⁵]

猪肉做成的一道菜。一般将五花肉切成片，搭配切片的芋头间隔放入蒸笼中，以中和五花肉的肥腻。一般红白喜宴、节庆聚餐上都有扣肉，有"无扣不成宴"的说法。

4-40 ◆ 夏湾

黄颡牯 [haŋ⁴²tsaŋ³⁵ku³⁵]

黄骨鱼。黄骨鱼有三根刺，背部、两腮各有一根，在湘江极为常见，肉嫩刺少味鲜美。一般是加新鲜的辣椒炒熟后加水焖煮，出锅的时候撒些葱花或者紫苏叶。

4-37 ◆ 新华

4-49 ◆勾蓝瑶

旱辣姜 [haŋ²¹lɔ³³tɕiaŋ³³]

干辣椒，"旱"是干的意思。辣椒采摘回来将其晒干后，炒菜的时候当作配料食用。也可将其碾成粉末，煮菜的时候当作佐料。有的人做腐乳、酸菜、泡菜的时候，也会撒少许辣椒粉。

大菜 [tɔ³³tsʰɔ²¹]

大头菜，其叶片较大，由此得名。采摘回来后将其晒至八成干，搓软放进密封的坛子腌制成酸菜。搭配猪肉、鱼等一起炒着吃，也可以当小菜配粥。

炒青菜 [tsʰɯ³⁵tsʰioŋ³³tsʰɔ²¹]

每个时间段应季的青菜不一样，一般绿叶青菜都是加少许蒜末清炒。

4-47 ◆千家峒街

4-43 ◆上江圩

4-44 ◆ 上江圩

4-46 ◆ 上江圩

雷公屎 [lie⁴²kai³³sɯə³⁵]

地衣。一般做汤。

荔浦薯 [ȵi³³pʰu³⁵ɕiu⁴²]

香芋。最早从广西荔浦县引进的，因此得名，如今成了江永特产。桃川种植的香芋比较香甜。食用时将皮去净后切成块，用水煮或煎炸，搭配红烧肉更好吃，也可放进血灌肠或扣肉中。

4-45 ◆ 新华

4-48 ◆ 千家峒街

四月豆 [sa²¹ȵye³³tau³³]

一道常见的炒菜。一般是加少许蒜末、辣椒炒着吃，加点肉末炒更好吃。

笋子干 [ɕye³⁵tsɿ³⁵kaŋ³³]

笋干。制作方法是将竹笋去壳剥皮，用开水蒸煮后再晒，可搭配各种肉类吃。

晒萝卜角 [sɔ²¹luɯ⁴²puɯ³³tɕiau⁵⁵]

晒萝卜干。将萝卜切成条状,拿到太阳底下暴晒,晒一两天后用清水洗净,再将其晾干,然后加辣椒、蒜头一起放入坛中腌制。

浸酸咸 [tsa³³saŋ³³hoŋ⁴²]

把辣椒、豆角、黄瓜、四季豆、萝卜、姜等蔬菜放进密封的坛中腌制。夏季可腌制的食品较多。"浸" [tsa³³] 在这里读变调。

浸辣姜 [tsa³³lɔ³³tɕiaŋ³³]

酸辣椒。将辣椒抹上盐、酒,放入密封的坛、瓶中制成。其味道是咸、酸、辣。当作配料食用。

4-51 ◆ 新华

4-55 ◆ 千家峒街

炕鱼 [haŋ²¹ŋu⁴²]

烘鱼。将鱼洗净煮一下，捞出沥干水分，放入垫有稻草的筛中，然后将筛子放到炭火上。炭火不可太旺，不可有明火。将鱼熏至表面呈金黄色。吃的时候可用煎、煮、炒等方式。煎炒的话，一般会加干豆角，味道会更好。

4-53 ◆ 新华

腌辣姜 [i⁵⁵lɔ³³tɕiaŋ³³]

剁椒。辣椒洗净后，用机器打成碎末，再放进密封的坛子加酒、盐腌制，炒菜的时候拿出来当作配料。腌制后的辣椒存放时间较长，其味道又辣又酸。

炕鱼子 [haŋ²¹ŋu⁴²tsʅ³⁵]

小鱼干。将小鱼放到小火上慢慢烤干制成，或者将小鱼放在太阳下暴晒制成。

4-52 ◆ 上江圩

4-54 ◆ 上江圩

腊鱼 [lu³³ŋu⁴²]

烟熏制成的鱼干。将新鲜的鱼洗净,用热水焯一下,放入盐、酒、花椒等调料腌制,后置于炭盆上,用小火烘烤制成。在炭火中放入谷糠、茶籽、柚子皮、陈皮,可使味道更香。

4-59 ◆浦尾

酸豆角 [saŋ³³tau³³tɕiau⁵⁵]

将豇豆洗净,然后加盐、凉水放入密封的坛、瓶中制成。腌制后的豆角味道酸中带甜,可搭配炒鱼、猪肉。

4-56 ◆千家峒街

腌姜 [i⁵⁵tɕiaŋ³³]

将生姜洗净晾干后切成片状，放到密封的坛子加辣椒一起腌制。一般早饭时佐餐，其味较酸，具有开胃作用。生姜是江永上江圩镇的特产，农历五月份有新鲜的生姜上市，新鲜脆嫩，一般当作炒菜配料。

4-58 ◆ 上江圩

霉豆腐 [məŋ⁴²tau³³fu²¹]

将豆腐发酵至长毛，再加入花椒、八角、桂皮、辣椒粉、食盐等调料，放入密封的坛子中腌制。一个月后就可食用，可以用来佐餐。

4-57 ◆ 千家峒街

江永 肆·饮食

4-63 ◆上江圩

蕨姆 [tɕy⁵⁵məŋ⁰]

　　蕨菜。春季当蕨菜长出四五寸的嫩芽，还未开枝时食用最佳。采回后去掉蕨上的绒毛，焯水去除苦味，然后切成小段，与肉、辣椒等一起炒着吃。

4-61 ◆浦尾

鸡脚包 [tɕi³³tɕi⁵⁵piau³³]

　　用猪小肠包鸡爪。将洗干净的鸡爪中间切开，抹上盐，然后在中间放入一小块瘦猪肉，包进洗好的猪肠。之后用麻绳将猪肠绑紧。也有"鸭脚包" [vɯə⁴²tɕi⁵⁵piau³³]，做法基本一致，只不过里面包的是鸭掌。

中国语言文化典藏

灌香肠 [kaŋ²¹ɕiaŋ³³tɕiaŋ⁴²]

先将去皮的半肥半瘦的猪肉剁碎，然后放酒、盐、糖以及桂皮和八角磨成的粉末搅拌后放置一天，然后灌进猪小肠煮。一节六至七寸长，每节用线捆扎。灌的时候用针戳一些小孔，防止爆裂，然后挂起风干。

板鸭 [pa³⁵vɯə⁵⁵]

将鸭杀好清理后，抹上盐、酒等调料，腌制几天后放到火上熏烤。在炭火中加一些谷糠、锯木屑、柚子皮，可使肉更香。类似的做法也可以做出"板鸡"[pa³⁵tɕi³³]。

　　江永农作物以水稻为主，以前是一熟制，后来改成双季稻。"三月种六月获者为早禾，四月种七月获者为迟禾"。以前，境内早、中稻育秧采用传统方法，选择质地好、背风向阳、水利条件较好的田块做秧田，用箩筐、谷桶催芽，清明前后播种，现在改成了抛秧式。

　　江永自然环境优越，素有"天然温室"之称。除了水稻，还盛产多种农作物，如红薯、玉米、花生、芝麻，当地人也种烤烟、荔浦芋、棉花、茶叶等作物，当地最有名的是"五香"，分别为香柚、香芋、香姜、香米、香菇。在江永，一年到头都有农活可忙。元宵节之后就要开始犁秧田，二月则开始翻转姜田、香芋田，之后便是插秧、种烤烟、种红薯。三月种花生，四月插秧、采茶叶、种姜，同时还会在种姜和插秧的空隙种豆角、茄子、辣椒、西瓜、香瓜等蔬果。五月种黄豆、摘夏橙、种棉花。五月底六月初种

中国语言文化典藏

丝瓜、苦瓜、冬瓜、本地南瓜等。七月初开始收割早稻，不种晚稻的田地收割早稻后种红薯。八月收花生，九月种萝卜、白菜。霜降前后采茶叶，收割红薯、荔浦芋和姜。霜降过后收柚子，十一月种蒜，并翻转姜田。

当地流行养殖鸡、鸭、鹅等家禽，食用血鸭较为普遍，因而养鸭也很常见。江永水资源充沛，许多农户用池塘养鱼，以前也用稻田养鱼，现在比较少见了。

以前，弹棉花、手工榨油、编制竹木用具、做银器等手工业在当地都很兴盛，现在很少看到，即便有，如弹棉花、榨油，也大都改用现代机器了。还有一些使用传统方式制酒、磨豆腐的人家。

5-1 ◆ 新华

禾田 [vu⁴²təŋ⁴²]

种植水稻的田地，属于水田，也叫"秧田" [iaŋ³³təŋ⁴²]。

塍头 [ie²¹tau³³]

田埂，水田的走道。

5-3 ◆ 新华

旱地 [haŋ²¹ta³³]

当地的旱地用来种姜、红薯、玉米、烤烟、花生等。

园地 [yŋ⁴²ta³³]

专门种菜的土地，也叫"菜地" [tsʰɔ²¹ta³³]。

5-6◆新华

耙田 [pɯə⁴²təŋ⁴²]

用耙耕田，主要目的是使水田平整、均匀。传统耙田是人指挥牛，让牛拖着齿状的耙在水田里来回走动。耙田前还有一道工序，即人工用挂耙将稻田一点点弄平。

5-7◆新华

沤地 [au²¹ta³³]

寒冬后第一次翻土，主要是为了松土，同时也可以把上层的杂草翻进里层当肥料。一般在农历三月初进行，沤十来天。之后可以种花生、黄豆、玉米之类的旱地作物。

犁大田 [li⁴²tɔ³³tən⁴²]

用犁耕地，主要目的是翻土，也叫"犁
田"[li⁴²tən⁴²]。开春时，在上季割完稻子后没
有进行过任何处理的田地上犁田。农历三月
底插秧前，要犁一次，耙一次。以前多用牛
犁田，现在用机器的更多。七月底八月初双
抢季节，收割完稻子要立即犁田，便于种第
二季稻。

莳田 [ɕi³³tən⁴²]

插秧。过去插田时，人们用绳子作为分
隔秧苗间距的标准，一般在 20 厘米左右，
便于有效利用田地，也为秧苗留出生长空间，
为人留出行走空间。

抛秧 [pʰiau³³iaŋ³³]

一种插秧的方式。20世纪90年代从广东引进这种方式，人无须弯腰，可以减轻劳动强度，一个人一天可以抛完一亩田，因此现在越来越流行。

割禾 [kɯ⁵⁵vu⁴²]

收割稻谷。以前人们用镰刀收割，现在大部分使用收割机。当地种植双季稻的较多，农历七月初收割早稻，第二季稻是在九月后收割，叫"割双季稻" [kɯ⁵⁵saŋ³³tɕi²¹tau²¹]。

中国语言文化典藏

烧秆岳＝[ɕi³³kaŋ³⁵ȵiau³³]

烧稻草。"秆岳＝"[kaŋ³⁵ȵiau³³]指脱粒后的稻草秆。稻草晒干后，可以烧成灰做肥料，但会污染空气，现已不提倡。

反谷 [paŋ³⁵ku⁵⁵]

将稻谷翻转，使其均匀地接受日晒。翻转工具是"谷挂"[ku⁵⁵kuɔ²¹]，即一种长柄的木制农具，一侧有与手柄垂直的平板，作用是把散开的稻谷聚拢，另外一侧则有锯齿，作用是将稻谷散开。以前晒谷是晴天将谷粒晒在竹子编织而成的竹簟上，现在直接晒在宽敞、平整、阳光充足的空地上，一般村口都有这样的空地。

泼秧出肥 [pʰɯ⁵⁵iaŋ³³təɹ⁴²fa⁴²]

将粪便水施于土壤之中，尽量不要让粪便水碰到农作物，否则肥力会烧伤农作物。

宝⁼谷 [pau³⁵ku⁵⁵]

将谷粒从稻穗中脱离出来。"宝⁼"[pau³⁵]是打的意思。传统脱粒的方式是脚踩踏板，使脱粒机转动起来，然后将稻穗放入机器齿轮的部分，谷粒便会掉到下面的大桶里。

中国语言文化典藏

沤肥 [au²¹fa⁴²]

又叫"积肥"[tsie⁵⁵fa⁴²]、"堆肥"[lie³³fa⁴²]。将稻草秆晒干放进猪圈、牛圈，与动物粪便搅和在一起，堆放在空房发酵成肥料。

出威 ⁼[ɕya⁵⁵va³³]

出圈肥，用牲畜的排泄物给农作物施肥。种植农作物之前，用手抓圈肥均匀地撒到田地里，再翻土地，使肥料与泥土搅和一起，便于农作物吸收营养。"威 ⁼"的本字可能是"秽"。

收姜 [ɕiau³³tɕiaŋ³³]

立冬后开始收姜。从田里挖出姜后，将姜梗和姜叶剪掉，再挑回家。

种姜 [tɕiaŋ²¹tɕiaŋ³³]

种姜一般在四月插秧之前，故有"莳田莫急种姜急" [ɕi³³təŋ⁴²mu²¹tɕie⁵⁵tɕiaŋ²¹tɕiaŋ³³tɕie⁵⁵] 的说法。种姜时用细土盖住姜芽，上面铺着从山上砍下的小根蕨类植物，防止长草，也能保持土的湿润度。当姜露出嫩芽，姜农便用种姜锄头上土，给姜补充养分、肥料，也保证嫩姜不会被挖断。插完早稻后将母姜取出，然后给姜田施肥。

中国语言文化典藏

荔浦薯田 [n.i³³pʰu³⁵ɕiu⁴²tən⁴²]

香芋田。香芋是从广西荔浦县引进的，种在水田里。

砍姜斋 [kʰaŋ⁵⁵tɕiaŋ³³tsɔ³³]

到山上用刀砍名叫"姜斋" [tɕiaŋ³³tsɔ³³] 的小根蕨类植物。这种植物覆盖在姜田上，具有不让姜周围长出杂草的功效，也可保持土的湿度、温度。

江永　伍·农工百艺

137

种灰薯 [tɕiaŋ²¹fɯ³³ɕiu⁴²]

清明左右在姜田的四周种满灰芋。灰芋跟香芋不一样，一般在旱地上种植，水不利于其生长。种植的时候撒上牛粪、猪粪等，收成会更好。

宝⁼油菜 [pau³⁵iau⁴²tsʰɔ²¹]

打油菜。"宝⁼"[pau³⁵]是打的意思。四月末插秧前，将成熟的油菜收割晒干几天，然后放置于一块很大的塑料布上，用棍子敲打，使油菜籽掉落。

烤烟房 [kʰau⁵⁵iŋ³³faŋ⁴²]

用来烤烟的房子。有烟囱，四周都是密封的，屋顶下面有一层木板。在烤房门口有一个炉灶，可烧柴火或烧煤，通过管道传热使房内升温，里面有温度计，可从一个小窗口观察房内温度情况。

5-24◆勾蓝瑶

□烤烟 [la³⁵kʰau⁵⁵iŋ³³]

将烟叶一片片捆扎在竹竿上面，方便之后放入烤烟房。一般农历六月末收割水稻之前收割烟叶，而农历二月中旬后便可以种烟叶。"□" [la³⁵] 是捆的意思。

5-23◆勾蓝瑶

5-27◆夏湾

5-25◆勾蓝瑶

种棉棉 [tɕiaŋ²¹məŋ³³məŋ⁴²]

　　种棉花。农历五月种，到八九月份收割。以前农家自种棉花，收获后拿来做棉被，现在种棉花的不多了。现在女孩出嫁时，娘家人依然有买棉花做棉被的习惯。

收五谷子 [ɕiau³³ŋ²¹ku⁵⁵tsɿ³⁵]

　　收玉米。当地一般种植两季玉米，第一次收割在农历五月份，第二次在冬天。

插棍 [tsʰɔ⁵⁵kuai²¹]

　　用细长的竹枝或者木棍搭架子，以便让豆角之类的植物攀爬生长。

5-26◆新华

挂布姆巾 [kuɔ²¹pu²¹məŋ⁰tɕie³³]

在庄稼地中用挂烂布条的方法驱鸟。"布姆巾" [pu²¹məŋ⁰tɕie³³] 指不成整片的布条。

带樵 [lɔ²¹tsi⁴²]

去干农活的时候，在田地或者路上看见柴，会聚拢带回家，用于烧火。

5-31◆勾蓝瑶

种荷花 [tɕiaŋ²¹fu⁴²fɯə³³]

种荷花的目的是收获莲藕或观赏。

摘落花豆 [tsu⁵⁵lɯ³³fɯə³³tau³³]

摘花生。农历八月份收花生，叫"薅落花豆"[hau³³lɯ³³fɯə³³tau³³]。收完花生坐在屋边或者大树底下直接用手摘，也可用脱粒机来脱粒，洗干净后将其晒干。

5-30◆勾蓝瑶

5-34 ◆夏湾

姜田锄头 [tɕiaŋ³³təŋ⁴²tsu²¹tau³³]

专用于挖姜田的锄头。锄刀比较厚,两侧有铁尖,手柄较长。"头"读变调。

5-33 ◆勾蓝瑶

姜铲 [tɕiaŋ³³tsʰa³⁵]

铲姜的用具,取母姜时用来铲姜两旁的泥土,小巧便利,不易破坏姜苗。

5-32 ◆浦尾

挖地锄头 [vɔ⁵⁵ta³³tsu²¹tau³³]

专用于挖地的锄头。挖地的锄头,锄刀比较窄小,手柄没有除草的锄头长,适合用大力气去挖硬实的土地。"头"读变调。

5-39 ◆夏湾

斧头 [puɯ⁵⁵tau⁴²]

砍木竹、劈柴等用的金属工具。头呈楔形，装有木柄，大小不一。

镰刀 [lən⁴²lau³³]

割树枝、干草的农具，由刀片和木手柄构成，手柄比柴刀长，刀身较弯。另有专门割稻子的镰刀，刀口上有小齿，叫"茅刀" [miau⁴²lau³³]。

钩刀 [kau³³lau³³]

砍柴的刀。刀柄是木头做的，便于抓握。刀鞘在砍柴时系在腰间，便于携带。

5-38 ◆浦尾

5-36 ◆勾蓝瑶

5-37 ◆勾蓝瑶

砍山刀 [kʰaŋ⁵⁵sa³³lau³³]

上山砍柴的专用镰刀，手柄较长，有一米多，方便砍较长的草和树枝。"砍"[kʰaŋ⁵⁵]读变调。

姜该⁼[tɕiaŋ³³kɯ³³]

装姜的小筐，农户用竹篾手工编制。装好放地窖。种姜的时候也用此筐，筐内部空隙较大，可以防止姜苗的嫩叶受到挤压坏掉。

5-35 ◆夏湾

担姆 [loŋ²¹məŋ⁰]

　　挑物品的扁担，长短不一，用来挑稻谷、红薯、柴火、水等。有的是竹子劈成两半做成的，有的是用有韧性、结实的树干做成的。

收粪 [ɕiau³³pai²¹]

　　簸箕，多是农户用竹篾做的，斗形，可以用来装粮食、泥土等，用扁担挑。

方锹 [faŋ³³tsʰi³³]

翻地或铲东西的用具，头由方形铁片制成，两端比较尖，手柄多是木头做的。

谷桶 [ku⁵⁵tʰai³⁵]

一种较为传统的脱粒工具，用四块木板做成的斗状物，上大下小。将稻束向内摔打，谷粒便掉在桶里。20 世纪 80 年代之前都是用这种纯手工的方式脱粒。

江永 ｜ 伍·农工百艺

5-45 ◆ 夏湾

尿勺 [ɕya³³ɕi³³]

用来舀粪便的长柄勺。以前勺多是用竹子做成的，现在用塑料的居多。一般与粪桶配套使用。

风车 [pai³³tɕʰye³³]

去除稻谷杂质的农具，使用它的过程叫"车谷" [tɕʰye³³ku⁵⁵]。风车顶部有梯形的仓，下面是漏斗，旁边是摇柄。用手摇动风叶，产生的风力可以把瘪粒、杂质等与谷粒分开。

5-44 ◆ 上江圩

5-46◆浦尾

笿 [luɯ⁴²]

　　小笿筐，无耳。竹篾编成，过礼时用来装聘礼。平时也可以用来装其他东西。

5-47◆夏湾

背凳 =[puɯ³³lai²¹]

　　双肩的背篓，一般比较大。妇女摘菜、采茶时用，在千家峒最常见。

5-48◆夏湾

马车 [mu²¹tɕʰye³³]

用马牵引的车，一般后面是板车。可以用来运输肥料、瓜果等较重的物品。

挂＝岳＝耙 [kuɔ⁴²ȵiau³³pɯə⁴²]

用来清理碎柴、枯叶的耙。竹制，手柄较长。"挂＝" [kuɔ⁴²] 指将松散的枝叶聚拢到一起的动作。"岳＝" [ȵiau³³] 指松树叶。

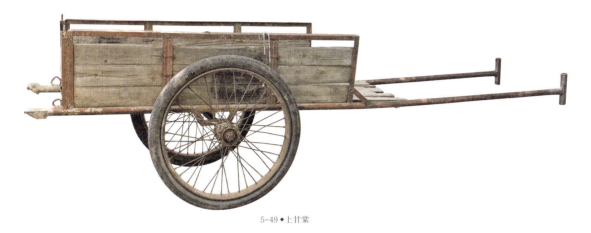

5-49 ◆ 上甘棠

板车 [pa³⁵tɕʰye³³]

一种人力或者畜力牵动的两轮车，有两个把手可推拉。

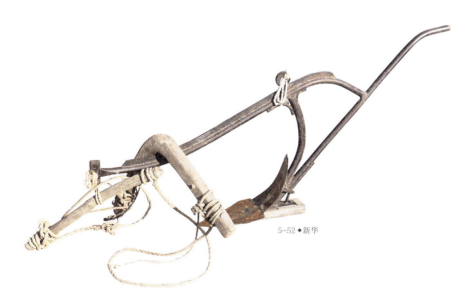

5-52 ◆ 新华

犁 [li⁴²]

耕田耕地的农具。由牛力牵引，曲木牛轭套在牛脖子上，挂铁链，拉动犁耕田。犁头是装在一根横梁前端的厚重的铁制尖刃，三角形，插入土地中耕出槽沟，破碎翻转土块。

5-53 ◆新华

牛轭 [ŋau⁴²vɯə⁵⁵]

　　耕地时套在牛颈上的曲木，是犁地的重要农具，与犁铧配套使用。带绳的牛轭套在牛脖子上，连接耙子就可以耙田。

5-55 ◆浦尾

碾竿 [nəŋ³⁵kaŋ³³]

　　碾碎食物、药物的工具。

上水车 [ɕiaŋ²¹ɕya³⁵tɕʰye³³]

用来车水的工具。放置在河边，利用急流的动力推动水车转动，水车上的竹筒将水灌溉至稻田。

磨石 [mu³³ɕye³³]

碾碎食物的传统器具，一般是石头做的。主体是一大一小的磨盘，使用时，将米、麦子、豆等粮食放入上方磨孔，推着把手转，磨碎的食物从两块磨盘中间的缝隙出来。

5-59 ◆永新社区

石雕 [ɕye³³li³³]

石匠用石头雕刻的各种造型的作品。

5-58 ◆夏湾

5-62 ◆新华

宝ᵊ煤机 [pau³⁵mən⁴²tɕi³³]

做煤球的模具。"宝ᵊ"[pau³⁵]是打的意思。

锯 [tɕiu²¹]

用来锯木料的工具。

中国语言文化典藏

154

手锯 [ɕiau³⁵tɕiu²¹]

一种锯木头的工具，这种锯比较锋利、轻便。锯身是铁制的，有齿，手柄用木头制作。

5-63◆勾蓝瑶

木匠 [mu³³tsiaŋ³³]

制造或修理木器、制造和安装房屋木制构件的技术工人。

5-57◆浦尾

瓦片 [ŋu²¹pʰən²¹]

把石膏、泥和好后放到盖有一层布的模具上面打成四方形，加水磨匀，瓦片的宽度由模具的宽度决定，厚度由模具内的钢丝决定。将其烘干后火烧，待瓦烧至红色后加水继续封闭。烘干后，瓦片就成型了。

5-61◆夏湾

刨子 [piau³³tsɿ³⁵]

一种木工工具，用来刨直、刨平、削薄、出光。刨子种类较多，分别用于粗刨、细刨、起线、刨槽、刨圆等。

5-60◆上江圩

155

磨棉被 [mu⁴²məŋ⁴²pɔ²¹]

做棉被的一道工序。用木制的熨斗压平棉絮。

纺纱车 [pʰaŋ³⁵su³³tɕʰye³³]

　　车身木制，车轮竹制，能把棉花拉成细纱。以前的妇女基本都会用它来纺纱。

5-65◆潇浦街

5-69◆浦尾

棉棉槌 [məŋ³³məŋ⁴²tɕyɔ⁴²]

弹棉花的木槌,放在棉花上敲打弓绳,功能是打松棉花。

高制 =[kau³³tɕi²¹]

高的织布机。织出的布料较宽。

多=纱车 [lɯ³³su³³tɕʰye³³]

将纱线放在车轮中用手摇转成线团。"多=" [lɯ³³] 是绕的意思。

矮制 =[ɔ³⁵tɕi²¹]

矮的织布机。织出的布料较窄。

5-67◆上江圩

5-68◆上江圩

5-70 ◆浦尾

耙稻脑 [pɯə²¹tau³³nai²¹]

编织草鞋的专用工具。

榨油 [tsu²¹iau⁴²]

用榨油机将花生、芝麻、油茶籽榨出油。

5-71 ◆上江圩

5-73 ◆ 上江圩

摊子 [tʰa³³tsʅ³⁵]

将货物陈列在简易的平台、小车上或者地上进行交易的货摊。一般卖农产品。

5-72 ◆ 潇浦街

粉汤铺 [fai³⁵tʰaŋ³³pʰu²¹]

主销米粉的早餐店，同时还可以卖面条、包子、稀饭等。

5-74 ◆ 浦尾

秤砣 [tɕʰie²¹tuu⁴²]

图中秤盘中的铁制实心长方形为秤砣，用来压秤杆，有大小不等的重量。

5-76 ◆夏湾

养羊 [iaŋ²¹iaŋ⁴²]

放羊。因当地没有宽敞的山岭和草地，养羊的农户较少。夏湾村有一两户养羊，早上放到山上吃草，傍晚赶回羊圈。放养时无须专人看护。

5-77 ◆上甘棠

鸡笼 [tɕi³³loŋ⁴²]

一种养小鸡的器具，竹篾编成的。上端开口小，下端开口大，有一扇门。早上散养鸡时将门打开，鸡就会自己出来觅食；傍晚时，将鸡笼放在门口，鸡会自己进去。同样的笼子可装小鸭，称为"鸭子笼" [vuɯə⁵⁵tsuɯə³⁵loŋ⁴²]。

养牛 [iaŋ²¹ŋau⁴²]

　　放牛。放牛人赶着牛到乡间田埂或山上，让牛吃草。放牛时，要有人在旁边看，防止牛偷食农作物。人们赶牛时会吆喝一声，牛就会跟随人动。

养鸭 [iaŋ²¹vɯə⁵⁵]

　　早上将鸭群赶到水田、池塘等地觅食。赶鸭人一般会手持一根长竹竿驱赶鸭子。

5-81 ◆浦尾

网 [maŋ²¹]

捕鱼用具，用尼龙丝或细纱编织而成。

5-79 ◆夏湾

雨⁼鱼 [vu²¹ŋu⁴²]

捕鱼。一般使用细纱或者尼龙编织的渔网。捕鱼的最佳地点因季节、天气而变化。二三月鱼儿逆水去上游产卵繁殖，4—8月在急流处活动觅食，大部分在晚上出来觅食。9月以后，大部分的鱼儿都游到深水处过冬。秋冬时在深水处捕鱼较佳，晚上捕鱼比白天捕鱼效果较好。当地没有渔民，农户会利用农闲时间到河里捕鱼供自家食用。

5-80 ◆浦尾

虾公□ [fu³³ka³³pai⁵⁵]

捕虾时的工具。使用竹篾编制而成，间隙小，专门用来装虾。"公" [ka³³] 读变韵。

火笼 [fu³⁵loŋ⁴²]

夜晚到田间捕鱼时用的照明工具，也可用于夜间出行。铁丝制成，中间放松木，手柄是木质的。

渔船 [ŋu⁴²ɕyŋ⁴²]

用来捕捞、采收水生动植物的小型木船。船两侧一般是用樟木板制成的，底板则多用不易腐烂的松木板，适合在深水处划动。

汇水 ┃ 伍·农工百艺

5-87 ◆浦尾

5-88 ◆浦尾

酒脑 [tsiau³⁵nau³⁵]

酒坛。陶瓷制成,用来装酒的容器,大小不等。用坛子装酒可以存放的时间更长,保证米酒的味道更加香醇。大的坛子可以装三十多斤,小的可以装五六斤。

酒窠姆 [tsiau³⁵kʰu³³məŋ⁰]

陶制的用于储存米酒的容器。可防止米酒蒸发,保证酒的纯度。如果时常开盖舀酒,就用棉絮盖住坛口;如果想要保存的时间较长,就用泥土放在上面,可以保存10年以上。

酒铺 [tsiau³⁵pʰu²¹]

当地人自家酿酒比较多,但也有一些卖酒的铺子,一般售卖20°—30° 左右的米酒,也有红薯酿制的红薯酒,用糯米和粳米做成的冬酒。酒铺门口的对联也跟酒有关,如这一家写的是"麻姑赐得长生酒,天女散来益寿花"。

酒操 ＝[tsiau³⁵tsʰau³³]

用来舀酒、酱油、食用油等液体的提子,用竹筒制作而成。小巧轻便,便于放入酒坛中舀酒。也是一种量器,大的约可盛500毫升,小的约可盛250毫升。

5-84 ◆桃源社区

5-89 ◆浦尾

做酒 [tsɯə²¹tsiau³⁵]

　　将糯米、粳米、高粱、红薯等粮食煮熟，降温后放进陶缸，撒上酒曲，让其发酵。二三十天后，有酒香时，将发酵的原料放进锅里，盖上一口带圆孔的锅盖。锅盖的圆孔连接一个上层装水的双层陶缸，将连接处密封。生火煮原料，酒蒸汽通过陶缸冷却，形成酒液，从缸的另一个口流出。

5-91 ◆浦尾

铁内＝牯 [tʰi⁵⁵lie³³ku³⁵]

铁铸的砧板，用来锻锤金属。图 5-91 的铁砧下面是木桩，上面是"铁内＝鼓"。两端突出，一端是尖头，另一端则是垂直的两个平面。这样的形状设计，是为了塑造不同的器物形状。这是新中国成立后才有的工具。以前还有一种四方形的铁柱砧板，长度大约为 15 厘米，用来打造铁器，20 世纪 80 年代后很少见到了。把烧红的铁具放在铁砧板上锻造不同的器物形状，但是不能打出圆形器具。

5-90 ◆浦尾

打铁师傅 [la³⁵tʰi⁵⁵sɯɔ³³fu³³]

为当地农户打造铁夹等炊具和耙、锄头等农具的工匠。

过豆腐 [ku²¹tau³³fu²¹]

过滤豆腐渣，做豆腐的一道工序。豆腐在江永非常普遍，煎、炸、煮都可以，常做成炸豆腐、腌豆腐、豆腐丸子、烤豆腐干等。当地豆腐有醋水豆腐、石膏豆腐两种，后者更为鲜嫩。老一辈的人认为石膏豆腐清热去火，所以小孩子上火时，会在石膏豆腐里加点糖给其食用。以前到农历十二月二十日之后，家家户户都要油炸豆腐。其他重要节日也少不了豆腐。当地人喜欢将豆腐切成三角形、四方形，用来酿猪肉，或者加辣椒粉腌制食用。

5-95 ◆夏湾

5-92 ◆浦尾

5-93 ◆夏湾

炉 [lu⁴²]

风箱，旧时鼓风助燃的器具。

泥水匠 [ɲi⁴²ɕya³⁵tsiaŋ³³]

砌墙匠。以前砌墙匠较少，都是外来的师傅。

烧炭 [ɕi³³tʰa²¹]

冬天农闲时，农户到山上砍好杂木后将其放入山脚下自挖的炭窑，烧制2—3天后就可取出，用来冬天取暖烤火，也可拿到集市上卖。

5-94 ◆夏湾

5-97 ◆浦尾

十字架 [suɯə³³tsuɯə³³kɔ⁵⁵]

过滤豆腐渣的工具。用一块过滤布绑在十字架四端,将十字架悬挂在大锅灶上方,把半成品的豆腐浆倒入包有过滤布的十字架后加水过滤,豆浆直接流入大锅灶内,渣则留在布上。"架"读变调。

掐糍 [hɔ⁵⁵tsɔ⁴²]

做糍粑的一道工序,将糯米揉成大小一致的团子。后面需要将糯米团子压扁,然后在中间塞馅儿。

5-99 ◆桃源社区

豆腐盒 [tau³³fu²¹hɔ³³]

　　用来压豆腐成型的工具。压豆腐时，盒子上放有一块纱布，用于过滤豆腐渣。把煮好的絮状豆腐装入盒子，盖上面板压1—2个小时后豆腐成型。在江永，豆腐是日常食品，非常畅销，有"要想富，磨豆腐；要想发，养棚鸭"的说法。

大鏠铛 [tɔ³³mu³⁵tsʰa³³]

　　用来煮豆腐的炊具。过去的铛是用稻草、石灰混合在一起后烧制，外层刷上黄泥和石灰混合物，现在用水泥做成。

织竹子 [tɕi⁵⁵liau⁵⁵tsɿ³⁵]

用竹篾编织东西，一般编织日常器物，如竹篮，也可以编织工艺品。

粉勺 [fai³⁵ɕi³³]

做红薯粉的工具，模具有圆形和长条形。粉条的粗细由打粉师傅手握模具距离煮锅的高低决定。"勺"[ɕi³³]读变调。

做红薯粉 [tsɯə²¹hai⁴²ɕiu⁴²fai³⁵]

把生红薯放在磨缸中磨碎后，放在大桶里用清水过滤。待红薯粉末沉淀后，把水倒出，将红薯粉末晒干成干粉，再将其加水糅合成黏稠状后，倒入模具中。粉液从模具中漏出，呈条状，待粉条浮出水面即可出锅。最后将其晾干。

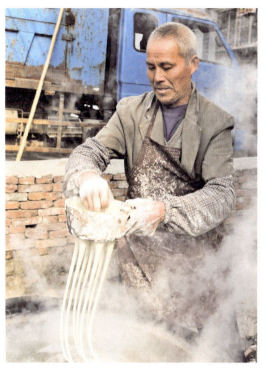

5-102 ◆锦江

摘茶叶 [tsu⁵⁵tsu⁴²i³³]

清明、谷雨前后采茶叶最好。如今在江永，高泽源林场、铜山岭农场依然产茶叶。种植茶叶的山岭叫"茶山"[tsu⁴²sa³³]。江永盛行用大叶茶打油茶，茶的需求量很大。江永素来有种茶的传统，据清道光《永州府志》记载："永明大凤茶叶，气味芳烈，与滇之普洱绝似，雨前摘者名绿云茶，尤佳。"

5-100 ◆迴峰路

171

陆·日常活动

　　江永多以宗族聚居而成村落，按分支立门楼，乡亲邻里的关系格外亲密。白天大家一起干活，晚上聚在一起唠家常，有时候集体看露天电影。以前家家户户都会做各种零食，邻居串门可以一起分享。有的人家人多田少，青黄不接的时候则跟富有的家庭借用，等收割新谷时再归还。不论是平时，还是重大场合，乡亲们都有良好的互帮互助的传统，比如婚丧嫁娶等仪式之前，大家会协调分工：谁负责买菜，谁负责掌厨，谁负责清扫，等等。

　　过去小孩的玩具没有现在丰富，但他们玩耍的花样和乐趣却并不少，如捉迷藏、丢手绢、踢毽子、跳绳、老鹰抓小鸡这些游戏，既活动了身体，又培养了沟通、协作能力。小朋友们把大自然当成了最好的游乐场，上山采花摘果，下水游泳抓泥鳅，每个季节都有不同的活动，玩得不亦乐乎。

　　江永人有祖先崇拜传统，比如端午、春节等重大节日，需要在客厅的香几柜摆上供品、烧点纸钱。清明时最隆重，族人一起修族谱、扫墓、聚餐。从20世纪60年代之后，各种仪式简化了很多。

　　江永寺庙、道观极少。普通人宗教方面的观念相对淡薄，相关从业人员也比别的地方少，比如道士、和尚几乎找不到。以前有看八字、看风水的看地先生，这些人一般看《天书》自学成才，据当地人传说，《天书》分为上、中、下册，下册不能看完，否则看地先生就会遭遇不测或者无后的命运，因此，江永的看地先生相关知识也并不全面。至今依然有的是仙姑，一般由五六十岁的妇女充当。有的人如果遇到不顺，就会在赶集时专程请仙姑"查花"[tsu⁴²fɯɔ³³]，即查询命运、吉凶信息。

6-1 ◆ 新华

请客 [tsʰioŋ³⁵fɯə⁵⁵]

节庆或者婚丧嫁娶等场合，主人家会请亲友到家吃饭。正式宴席一般是十碗或者十二碗，寓意是十全十美、十二个月。常见的菜式有扣肉、鸡肉、鸭肉、牛肉、猪肝、猪肚、羊肉、鱼等。在这些重要的酒席上，礼数非常重要，比如要按长幼身份落座，大家一起拿筷、开吃，一般只夹自己面前的菜。平时请客则随意得多。

6-4 ◆ 上江圩

烟丝 [iŋ³³sɯ³³]

江永种植烤烟，烟叶晒干后，去除叶子上的根茎、脉络，将其卷曲，后通过挤压把烟叶压成块状，用刀切成细薄的烟丝。

6-5 ◆城隍庙巷

6-6 ◆新华

□脑毛 [pai²¹nau³⁵mau⁴²]

绑头发。

一侧脑毛 [i⁵⁵tsʰɯə³⁵nau³⁵mau⁴²]

一根麻花辫的发式。"侧"[tsʰɯə³⁵]读变调。

食烟 [ie³³iŋ³³]

抽烟，最传统的就是抽旱烟，烟叶是自家种植的。烟筒根部较粗，吸嘴处较细小。用铁条烧红打通烟筒到根部，外层削平。在根部放烟，点火从下往上吸。烟头点火处是金属制的，防止烧烂。有些老一辈的人还在使用。

拨位 [pɯ⁵⁵va³³]

安排座位。当地人非常讲究座次，有"吃得好不如坐得好"的说法。客厅四方桌每面坐两人，正对大门的是上八位，最重要的主人坐主陪位，最重要的客人坐主客位；背对大门的是下八位。一般宴席，座次按照长幼分，最年长的坐上八位，其他位置可随意坐。比如大年初一请新婚女婿吃饭时，女婿坐在主客位，女方长辈坐主陪位。下八位坐的是其他客人或年轻人。

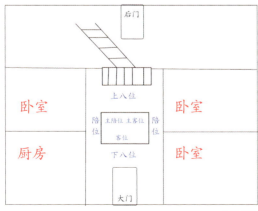

6-2 ◆自绘

6-3 ◆新华

6-8◆新华

两侧脑毛 [liaŋ²¹tsʰɯə³⁵nau³⁵mau⁴²]

两根麻花辫的发式。

马尾 [mu²¹mɔ²¹]

马尾辫。

剪脑椅 [tsən³⁵nai³⁵˙i³⁵]

理发专用的椅子，木制的居多，也有皮革的。由靠背、垫板、四只脚构成。靠背可放平或者收拢，椅子可调节高低。

6-13◆夏湾

6-11 ◆ 上江圩

刮须公 [kuɔ⁵⁵ɕiu³³kai³³]

刮胡须。

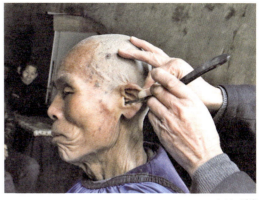

6-12 ◆ 夏湾

挖耳□屎 [vɔ⁵⁵ɳi²¹tɕie⁵⁵sɯə³⁵]

掏耳屎。

剪脑铺 [tsəŋ³⁵nai³⁵pʰu²¹]

理发店。传统理发店比较简陋，地方较小，只有一把椅子、一面镜子、一张桌子。赶集时上门的顾客比较多。平常理发师挑着剃头担子到乡间给人理发。"脑" [nai³⁵]读变韵。

剪脑 [tsəŋ³⁵nai³⁵]

理发。传统的理发工具非常简单，有推子、剪发刀、梳子、围布。

6-10 ◆ 上江圩

6-9 ◆ 夏湾

6-15◆夏湾

赶圩 [kaŋ³⁵ɕiu³³]

赶集。上江圩镇逢农历尾号一、四、七的日子赶集,其他地方为三、六、九。各乡约定俗成,将赶集日期相互错开,因为商贩往往是同一拨人。

6-16◆夏湾

搬家 [paŋ³³kuɯə³³]

搬家一般在早上,主人家要放鞭炮,做一锅裹糖的糍粑请同村同族的亲戚朋友来食用,寓意是有财气。亲戚朋友会带四个鸡蛋来表达祝贺。

谈讲 [tʰaŋ⁴²tɕiaŋ³⁵]

聊天。农闲时人们会在村口或串门到别人家里聊天。冬天大家常常一边烤火取暖一边在家里聊天，主人还会准备茶水、点心。

洗衣 [si³⁵ɔ³³]

人们一般在河沟、池塘或者人工修建的洗衣池洗衣服，多由妇女完成。洗东西同时也是沟通、交流的机会。

江永

陆·日常活动

6-22 ◆上江圩

衣⁼姆翅鸡子 [ɔ³³məŋ⁰tɕʰi⁵⁵tɕi³³tsɿ³⁵]

老鹰捉小鸡。"衣⁼姆"[ɔ³³məŋ⁰]指老鹰。一人当母鸡，一人当鹰，其他人当小鸡。小鸡在母鸡身后排成一队，老鹰站在母鸡对面。游戏开始后，老鹰奋力抓小鸡；小鸡在母鸡身后躲避；母鸡则极力保护小鸡。如果老鹰抓到了其中一只小鸡，则算赢。

刮天九 [kuɔ⁵⁵tʰəŋ³³tɕiau³⁵]

一种长条形纸牌，一般是老人或者妇女空闲时在门楼打。

睐牌 [lie⁵⁵pɔ⁴²]

打扑克。"睐"是看的意思。

6-19 ◆雄方

6-18 ◆新华

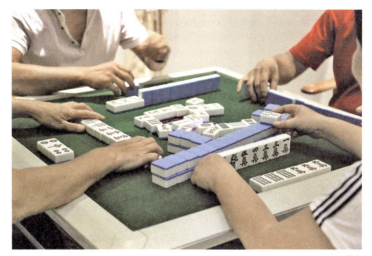

宝⁼ 麻将 [pau³⁵mu⁴²tsiaŋ²¹]

打麻将。一般是农闲时候打。"宝⁼" [pau³⁵] 是打的意思。

摸卖⁼ 子卖⁼ [maŋ³³mɔ³³tɯə⁰mɔ³³]

捉迷藏。首先玩石头剪刀布的游戏，输的人被蒙上眼睛抓其他人，被抓到的人就要被蒙上眼睛，继续抓别人。

食子 [ie³³tsɯə³⁵]

可用的道具有沙包、石子等，过程是用手抛子、抓子、接子。这是女孩儿常玩的游戏。去河里捡起五个石子，两三个人一起玩。手的正面把石子抛起来，再用手背接，看看可以接到的石子有多少，接得最多的人就算赢了。

6-26 ◆上江圩

□帕子 [nuə³³pʰɯə²¹tsʅ³⁵]

丢手绢。首先用石头剪刀布的游戏决定丢手绢的人选，输者拿着手绢沿圈外行走，其他人蹲下围成圈。丢手绢的人要不动声色地将手绢丢在一人身后，若被对方发现，则会被其沿同一方向追赶，若丢手绢的人到达被丢手绢的人的位置时蹲下还没有被抓到，则赢得比赛，被丢手绢的人将代替其角色开始丢手绢。反之，如果被抓住，则算丢手绢的人输，会受到诸如唱歌之类的轻微处罚，下一轮继续丢手绢。

6-23 ◆上江圩

反手拐子 [paŋ³⁵suɯɔ³⁵kuɔ³⁵tsɿ³⁵]

翻花绳。一个人或者两个人都可以玩。有时候可以翻成筷子、红枣、飞机、降落伞等。这是女孩儿常玩的游戏。

牛牴□脚 [ŋau⁴²ku³⁵kʰai³³tɕiau⁵⁵]

一只脚单独站立，用手抓住另一只脚的脚腕，跳着与其他人相撞。谁先倒下或双脚着地则算输。这是男孩儿常玩的游戏。

6-28 ◆ 上江圩

拗反 [ŋau²¹pa³⁵]

掰手腕。这是男孩儿常玩的力量游戏。谁将对方的手掰倒就获胜。不去上学的时候，男孩子就在村子的集合点一起玩耍。

6-32 ◆ 上江圩

跳索 [tsʰi²¹ɕye⁵⁵]

包含跳绳、跳皮筋。如果是跳绳，可以单人或者两人，抓住绳子的两端跳跃，脚未踩到绳，就可以继续。跳皮筋则是3人或3人以上，有两种常见跳法：一种是两个人把皮筋捌长，其他人按规定动作跳出花样，中途跳错，就换另一人跳；另有一种是将皮筋放在从膝盖至耳朵的高度逐一挑战，能跳过去，就可以接着跳下一个高度，如果跳不过或者未遵守规则，则换另一个人跳。

6-31 ◆ 上江圩

掐□□ [mia³³pʰiaŋ³³pʰiaŋ³³]

把废旧的纸片叠成方块，一面正，一面反。用自己的纸片在地上拍打他人的纸片，如果对方的纸片能够顺利翻面，则可赢得对方的纸片。"□" [pʰiaŋ³³] 可能是"片"的音变。

抛沙包 [pʰiau³³su³³piau³³]

丢沙包。

6-33 ◆ 上江圩

6-34 ◆ 上江圩

踢鸡毛球 [tʰɯ⁵⁵tɕi³³mau⁴²tɕiau⁴²]

踢毽子。有的人是左脚踢到右脚、右脚踢到左脚地来回换踢，有的则用单脚一直踢。

滚铁环 [kəŋ³⁵tʰi⁵⁵faŋ⁴²]

一种游戏。用铁的滚钩推动铁环，几人同时起跑，谁先到终点谁赢。

6-35 ◆ 上江圩

□专＝头 [pʰia⁵⁵tɕyŋ³³tau⁴²]

玩陀螺，打陀螺。"□" [pʰia⁵⁵]指打。以前的陀螺是用茶树做成的，打陀螺的绳子是用粽叶做成的，粽叶韧性较好。越打，陀螺转得越好。一般是男孩子玩得多。打陀螺时，将尖头着地，以绳绕螺身，然后猛地拽开鞭绳，使陀螺旋转；或用手在空中直接旋转陀螺，待陀螺着地，以绳抽之，使之旋转。"专＝"可能是"转"的变调。

6-36 ◆ 上江圩

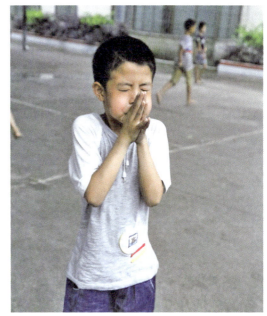

6-38 ◆ 上江圩

倒梁鸡狗 [lau²¹liaŋ⁴²tɕi³³kau³⁵]

　　侧翻跟头。

吹哨 [tɕʰya³³ɕiau²¹]

　　吹树叶。

射弹弓 [ɕye³³taŋ⁴²koŋ³³]

　　打弹弓。

6-37 ◆ 上江圩

6-41 ◆知青广场

乐队 [ȵiau³³lie²¹]

民乐队。主要在丧葬仪式上演奏，大型的庆典活动也用乐队。常见的乐器有唢呐、鼓、锣、二胡、镲。

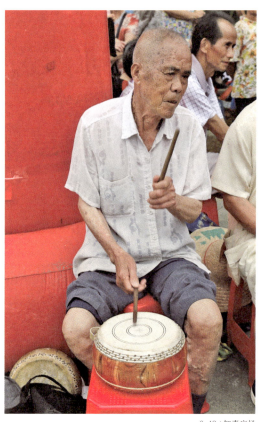

6-42 ◆知青广场

鼓 [ku³⁵]

桶形的打击乐器。

锣 [luɯ⁴²]

一种金属制的打击乐器，用木制棒槌或木片敲打。主要是办葬礼时使用。

6-43 ◆知青广场

东南西北 [lai³³noŋ⁴²si³³pɯ⁵⁵]

　　一种折纸玩具。玩具的四面分别代表东西南北。玩的时候按照指令，让人用手张合该玩具，例如"东，四下"，然后要实施上面所写的命令，这些命令大多是惩罚。写的也可能是各种好坏人物或者人物性格，如果选到哪个，就意味着选的人是对应的人物或性格。

戏台 [ɕi²¹tʰɔ⁴²]

　　专为唱戏搭建的固定台子，两侧是换装的房间。这种戏台一般建在村中较宽阔的地方，一般一个村子有一个。现在留存不多了，上江圩的朱家湾、甘益村还有。

6-49 ◆知青广场

羊角长鼓舞 [iaŋ⁴²tsiau⁵⁵tɕiaŋ⁴²ku³⁵vu²¹]

瑶族人的舞蹈。盘王节的时候一般都跳这种舞蹈，由县里组织，平常很少见到。旧时，江永县人每逢重大节日、喜庆丰收或祭祀都跳长鼓舞。长鼓两头大，中间小，有大、中、小型三种，用彩带系上，横跨于腰间。长鼓舞分单人舞、双人舞、群舞等不同形式。起舞时，以手击鼓，配以牛角、唢呐、锣、铛等乐器伴奏。跳舞的人往往在舞蹈中再现生产、生活情景，以表现瑶族人民的勤劳勇敢。

剪纸 [tsəŋ³⁵tsɯə³⁵]

江永县内城乡流行的一种手工艺，婚嫁喜庆时尤盛。多用大红或金色纸剪成。常见的式样有"囍""天长地久""荣华富贵"等字样，或莲花、石榴、牡丹、芙蓉、龙凤等图案。上江圩义年华和城关西门何朝捷的剪纸作品工艺精细，形态逼真，享有盛誉。

6-48 ◆夏湾

宝⸗板 [pau³⁵pa³⁵]

打击铜锣的工具，圆形的是竹筒做的，方形的是木头做的。"宝⸗"[pau³⁵]是打的意思。

6-44 ◆知青广场

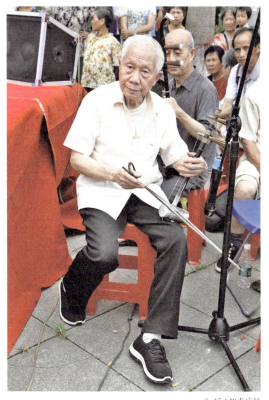

胡琴 [hu⁴²tɕie³³]

二胡。"琴"读变调。

笅 ⁼ 笅 ⁼ □ [tɕiŋ³⁵tɕiŋ³⁵tɕʰie⁴²]

镲。配合打鼓的打击乐器，金属制。

□人塔 [tsʰɯə⁵⁵ŋ⁴²tʰu⁵⁵]

由两个以上的人层层叠成各种造型。

扎 ⁼ [tsɔ⁵⁵]

唢呐，一种圆锥形的吹奏乐器。唢呐的声音比较嘹亮，所以一般的乐队都会有这种乐器。

女子拳 [n̠iu²¹tsʅ³⁵tɕyŋ⁴²]

女性练习的拳术。江永瑶族女性有习武的传统，过去习武是为了抗匪自卫，现在主要为了强身健体。

女子棍 [n̠iu²¹tsʅ³⁵kuai²¹]

女性练习的棍术。江永瑶族女性历来崇尚习武，以前习武是为了抗匪自卫，如今主要为了强身健体。

6-53◆浦尾

姑婆 [ku³³pu⁴²]

姑婆是传说中坐化于花山的谭七、谭八两位仙姑。旧时，当地女性有去允山镇花山庙向姑婆求子求福、祈求祛灾消病和婚姻顺利的传统。

6-54◆社下

6-55 ◆社下

6-56 ◆社下

花山庙 [fuɯə³³sa³³mi³³]

位于允山镇的社下区。以前在花山庙每年农历五月初十有为期三天的花山庙会。传说这里的神仙能保佑送子。想求子的人会在花山庙选一双自己喜欢的鞋带回去，有了孩子则再放一双新做的鞋，以继续传递好运。

6-59 ◆浦尾

观音 [kaŋ³³ie³³]

一些老人在家里张贴观音画像或摆放观音神像。儿子娶亲后，母亲常常会在农历初一、十五祭拜观音求子。

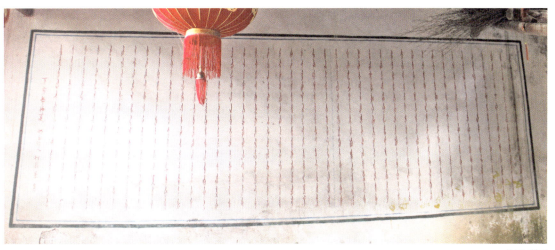

祷文 [tau²¹vai⁴²]

具有祝祷作用的文章，当地百姓认为可以祈福消灾。过去，女书传承人何静华会于每月农历初一、十五或者花山庙会时，在花山庙为百姓写女书祷文。

财神 [tsɔ⁴²ɕie⁴²]

财神主要掌管财运，以前老一辈的人一般大年三十会贴财神在大门上，大年三十、大年初一的时候会祭拜。一扇门贴着财神，另一扇门贴着门神，祈求来年顺风顺水、财源广进。

土地公公 [tʰu³⁵ta³³kai³³kai³³]

传说中掌管一方土地的神仙，住在地下。

祠堂 [tsɯə⁴²taŋ⁴²]

族人祭祀祖先或先贤的场所。如果是家族祠堂，大门上面一般写着"某某氏宗祠"。里面供奉着祖宗牌位。农历初一、十五以及清明节、中元节等重大节日都会有人来此祭祀，族亲有婚丧嫁娶等重大事务也会来此聚餐。女孩出嫁前去祠堂拜别祖宗再去夫家。男孩去迎接新娘前也要拜祖宗。办丧事时，出殡后把逝者灵牌放到祠堂厅屋。

香炉 [ɕiaŋ³³lu⁴²]

烧香用的炉子，陶瓷制作而成。

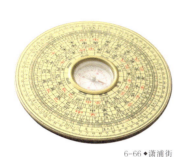

6-66◆潇浦街

6-65◆潇浦街

罗盘 [luɯ⁴²paŋ⁴²]

利用磁石指极性制成的指南仪器。以前，道士帮人确定坟墓选址时使用罗盘。

辟邪 [pʰia⁵⁵ɕie⁴²]

按当地民众的说法，一般铜制首饰、配件、钱币都能辟邪，常制成宝剑、刀、葫芦等形状。当地人认为，符也有辟邪功能，但是普通人家用得不多。

拜神 [pɔ²¹ɕie⁴²]

当地人现在很少拜神。少数老人家初一、十五时还会祭拜，会在路边、田埂上搭木桥，贴五色布、烧香、烧纸钱，用于辟邪。在一些手工艺行业，如打铁等，还有拜神的习俗。

符 [fu⁴²]

过去，有些迷信的人身体不舒服，会请道士写道符、念咒、烧香，希望祛病强身。

6-63◆浦尾

6-61◆潇浦街

门神 [mai⁴²ɕie⁴²]

过年时画在门上或贴在门上用来驱邪的神像。各家所贴的门神不一定为同样的人物，常见的是秦琼、尉迟恭。

葫芦 [hu²¹lu³³]

葫，谐音"福"，当地人认为，葫芦可驱妖辟邪，所以常给刚出生的婴儿佩戴葫芦形的饰品。"葫芦"[hu²¹lu³³]两字均读变调。

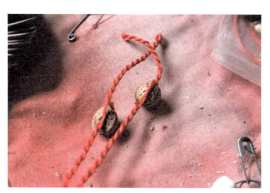

桃子·骨 [tɯ⁴²tsɿ³⁵kuɔ⁵⁵]

　　桃核。当地有桃木驱鬼的说法，所以会给小孩子佩戴桃核饰品。

狗牙齿 [kau³⁵ŋu⁴²tsʰɯ³⁵]

　　大人和小孩都戴的饰品，据说可以驱邪。小孩把狗牙系在腰间，大人则戴在脖子上。

狗骨头 [kau³⁵kuɔ⁵⁵tau⁴²]

　　江永瑶族有对狗的崇拜，当地人认为狗能看到人看不到的东西，生下来不到七天的小狗，其眼泪可以帮助人看见鬼、邪气；狗骨头也有驱邪的效果，因此会将狗骨头形状的饰品戴在婴儿身上。

宝剑 [pau³⁵tɕiŋ²¹]

　　当地的人认为，宝剑可驱妖辟邪。因此外婆会给刚刚出生的婴儿准备小的宝剑饰品。

江永　陆·日常活动

婚育丧葬既是人生大事，也是族人和乡亲联络情感、团结互助的时刻。

过去，年轻男女多靠媒人介绍，合完八字，女方到男方家视察，即"巡屋"[tɕye⁴²vu⁵⁵]，也叫"会面"[vɯ³³mən³³]。获得女方家长许可，男方就可以挑着礼物到女方家订婚。订婚后、结婚前，准新郎还要挑一箩礼物上女方家，一般要准备一只鸡、一块猪肉、一份礼金、布匹和糖果若干，称为"上头"[ɕiaŋ²¹tau⁴²]。之后男方带一块猪肉、布匹和糖果若干再去女方家预报婚期，即"送日子"[sai²¹na³³tsuɯ³⁵]。跟女方协商好时间，男方父母便会用红纸写一张通知贴在村里的门楼，以防与人撞期。结婚前夕，男方要送猪肉到女方家，供女方家请客用，叫"结炙肉"[tɕi⁵⁵tɕye⁵⁵vu³⁵]。结婚前夕送到女方家的钱叫"结炙钱"[tɕi⁵⁵tɕye⁵⁵tsən⁴²]。旧时，准新娘出嫁前一个月会叫上两三个好姐妹来陪，称"陪床"[pɯ⁴²tsaŋ⁴²]。所请姑娘要帮其赶制嫁妆，练习唱哭嫁歌。出嫁前1—3天，女方家举行坐歌堂仪式。结婚当天，有拦门、哭歌、迎亲、撒五色米、滚床、拜堂、敬茶、吃宴席、发喜糖、闹新房等繁复的流程。

生育是百姓生活中的一件大事，在江永也不例外。婴儿降生后，其父便去丈母娘家报喜。除带鸡、4个鸡蛋，还要带苹果、饮料、饼干等。岳母带几只活鸡、60个

鸡蛋、小孩衣物等随女婿看外孙、照顾女儿。婴儿出生 3—5 日，家人会"食豆子饭"[ie³³tau³³tsʅ³⁵paŋ³³]，即吃混有绿豆、红豆、四季豆的米饭。过 10 多天才正式办酒，亲朋好友共同庆祝。以前三朝酒办男不办女。婴儿满月时，外婆会接女儿和外孙回娘家，娘家亲友带小孩衣物、红蛋和红包聚餐祝贺。女儿住上几日便回夫家，外婆要做一担糍粑，连同亲友的贺礼送外孙。夫家收到糍粑后，分送给乡邻。有的家庭还办满岁酒。男性满 60 岁当天办寿酒，女性满 59 岁当天办。尔后，每长 10 岁办一次大生日。亲友不请自来，贺礼一般是鸡、蛋、猪肉、糍粑、衣料、面条等。女婿除备常规礼品外，还要为岳父母备寿衣、寿被、寿鞋、寿帽，儿辈要为父母准备棺材。晚辈都要行叩首礼，儿媳要奉上一碗长寿面。

　　江永至今有土葬的风俗，葬礼有入殓、报丧、开吊、出丧、埋葬等仪式。葬礼上有吹奏哀乐的乐队，以前还有做法事的道士，不可取代的是"八佬"抬棺材的八个男性，他们负责很多事务，如举行葬礼仪式、抬棺材、挖墓穴等。因此，主人家对他们非常尊重，除了要专门设宴款待他们，还要准备烟、酒、钱。

7-1 ◆新华

订婚 [lioŋ²¹fai³³]

订婚时，男方挑着礼物到女方家。礼物有猪肉、糖果、钱，还有一只公鸡、一只母鸡、一斗二的米、40 枚鸡蛋，这些礼物会分给父母、亲友、媒人。礼物上往往还有红纸、金纸剪的龙凤图案或"龙凤呈祥""好事成双""鸾凤和鸣"等字样。女方回敬 6 个鸡蛋、2 升米。吃完午饭，女方兄弟送男方回家，第二日从男方家返回，带回糯米糍粑和蛋、礼金和请帖。

订婚后未婚男性要请准岳父、准岳母到家里吃新米，以示尊重。岳父、岳母返家时收一担糍粑，以分给亲友，将婚讯昭告众人。

对亲书 [lie²¹tsʰai³³ɕiu³³]

订婚日男方准备订婚书。一般是 12 页：封皮较窄，是其他页的一半，无字；第二页写"正"字；第四页是正文，以男方父亲的名义写上"姻教弟某某某鞠躬"，如果父亲已经不在世，则以母亲的名义写"姻教妹某某某鞠躬"，如果父母都过世，则用伯伯的名义写。女方收到后，回以相同格式的对亲书，最外面的封皮，右侧的纸压在左侧，男方家的则相反。

7-2 ◆永明东路

年庚书 [nəŋ⁴²ka³³ɕiu³³]

订婚日女方给的生辰八字，折 12 页。第一页是折窄边空白页。如果父母双全，年庚书第二页则写"正"，如果不是，则写"全福"。第三页是正文。在最右列的中间写上"天长地久"，平行的左侧写上"富贵荣华"，两边一定要对齐。中间写女方的生辰八字，格式是"坤造于某年某月某日某时生"，若字数加起来不是偶数，则在"生"字前面加个"福"字。年庚书外有红纸做的封套，上面写有"鸾凤和鸣"的字样。年庚书忌讳倒放。

过去生辰是重要的隐私，为防止毁约，女方家第一次给男方的生辰八字往往是假的，结婚当天父母才会将真正的生辰八字写在红纸上让女儿带到男方家。

请亲家书 [tsʰioŋ³⁵tsʰai³³kɯuə³³ɕiu³³]

以男方父母的名义第一次请女方父母正式访亲做客的邀请函。开书第二页写"正"。第四页是正文，从右起，第一列写日期，一般的格式是"古某月某日敬治杯茗"，其中"古"指的是农历。如果是正月请的，则为"古某月某日敬治春酌"。中间写上"请大德望某府尊亲大人台驾"或"请大德望某府尊亲大人光临"，"大德望"是对对方的恭称。最左侧署名，以父亲的名义写上"姻教弟某某某鞠躬"。外有红纸做的无字封套。

7-9◆夏湾

嫁女 [kuɯə²¹n̠iu²¹]

嫁女儿。女儿被迎娶也叫"出门"[ɕya⁵⁵mai⁴²]。父母送到村口，不跟去男方家。女方家办酒席是在出嫁前一天晚上和出嫁当天早上。一般是十大碗，常见菜式有荷叶包、猪肉、羊肉、鱼、虾等。出嫁当天，新娘迈出门槛时要面对父母"哭歌"[hu⁵⁵ku³³]，用哭嫁的方式来表达不舍。新娘离开家的大门，女方家亲戚也会哭歌。然后新娘行礼，亲人将其送至村外，给新娘红包，这个红包称为"上马钱"[ɕian²¹mu²¹tsən⁴²]离别钱。在村口门楼新娘送给弟弟一条"分离帕"[pai³³la⁴²pʰɯ²¹]水红色的丝绸手帕，还要给红包。弟弟即刻把手帕送回家，随后同新娘前往男方家。

7-5◆浦尾

皮勾 [pɔ⁴²kau³³]

订婚时用来盛放较轻物品的竹篮，编织得很密，一般由媒人挑着。

7-8 ◆永明东路

7-7 ◆永明东路

新郎伯 [sai³³laŋ⁴²puɯə⁵⁵]

　　新郎。

新媳妇娘 [sai³³suɯ²¹pu²¹ȵiaŋ⁴²]

　　新娘。

坐歌堂 [tsuɯ²¹ku³³taŋ⁴²]

　　在结婚前1—3天，在女方家会举行坐歌堂的仪式。亲友多唱歌祝福新婚美满、教导女方如何与夫家和睦相处。新娘则唱歌感谢父母、表达离别之情。哭嫁的歌用潇浦镇土话唱。活动在晚上进行，有时甚至会唱通宵。

拦门 [la⁴²mai⁴²]

男方上门接亲时，女方亲属会设置一些阻碍环节，以获得红包，让婚礼气氛更热烈。

乘轿 [ɕie⁴²tɕi³³]

喜轿。旧时婚礼新娘乘坐，按传统上轿后要蹬三下，表示对出嫁不满、对家还有留恋，也有一说，是为了蹬掉煞气驱邪。

挑箱 [lɯ³⁵ɕiaŋ³³]

男方亲属上新娘家取嫁妆时用的箱子。将嫁妆装箱叫"入箱"[na³³ɕiaŋ³³]。一般是姨妈、姑姑、婶婶、姐姐等女性长辈装，一边装，一边哭。嫁妆称作"嫁奁⁼"[kuɯə²¹ləŋ⁴²]，一般是被褥、衣服、大箱、脸盆，还有个放了灶灰和几个小芋头的火笼，寓意多子多福。

7-11 ◆永明东路

讨亲 [tʰau³⁵tsʰai³³]

男方迎娶女方，也叫"讨女客"[tʰau³⁵ɲiu²¹fuɯə⁵⁵]。结婚当天男方家接女方过门叫"接新媳妇娘"。以前，在上江圩镇，新郎不参与上门接亲，只有新郎兄弟、家族中年轻的女性去。新郎兄弟的主要作用是搬嫁妆。女方派几位交好的姐妹送新娘。

7-13 ◆夏湾

7-16 ◆ 永明东路

7-17 ◆ 永明东路

雨伞钱 [vu²¹sa³⁵tsəŋ⁴²]

新郎的婶婶或姐姐邀请新娘回家，新娘需先要到雨伞钱后，伴娘才把伞交给新郎的婶婶或姐姐，新娘再进婆家门。新娘进门的时候，要给公婆行礼。

拜堂 [pɔ²¹taŋ⁴²]

是婚礼最重要的仪式之一。新郎、新娘先后拜过天地、父母，互拜，最后各执一杯酒，手臂相交，喝交杯酒。

7-15 ◆ 永明东路

撒五色米 [su⁵⁵ŋ²¹sɯ⁵⁵mi²¹]

五色米指粳米、赤小豆、黄豆、绿豆、黑米，结婚时"撒五色米"，当地认为可以赶煞驱邪。新人进门前男方家亲戚会在室外撒，先撒天地，然后撒向新人。现在也有在室内撒的。

7-18 ◆永明东路

7-19 ◆夏湾

敬茶 [tɕiŋ²¹tsu⁴²]

新郎、新娘给男方的父母敬茶，敬茶之后，公公、婆婆给新娘红包。

捧喜 [pʰai³⁵ɕi³⁵]

端盘子，由新郎的亲兄弟或堂兄弟来做。盘子上放酒壶，端给新郎向客人敬酒。

接亲鸡 [tɕi⁵⁵tsʰai³³tɕi³³]

新娘到男方村落的门楼，男方家会派人杀鸡，在新娘周围洒一圈鸡血，以示赶走煞气，然后放鞭炮。

7-14 ◆永明东路

喜糖 [ɕi³⁵taŋ⁴²]

婚礼上会给宾客发喜糖。

食喜酒 [ie³³ɕi³⁵tsiau³⁵]

　　吃喜酒。结婚男方家办两天酒，宴请六顿饭，专称为"办讨亲酒"[pa³³tʰau³⁵tsʰai³³tsiau³⁵]。新娘到家当天的中餐为正餐，席上必有红蛋，红蛋土话称"丸"[yŋ⁴²]，与"缘"[yŋ⁴²]同音。

中国语言文化典藏

7-21 ◆永明东路

7-22 ◆夏湾

茶盘钱 [tsu⁴²paŋ⁴²tsən⁴²]

也叫"礼数"[li²¹ɕie³³]，是结婚时亲戚们给的份子钱。一般放在茶盘上，现在也有专人接收、记录。一般给 100 元、200 元，关系较亲的给 400 元、600 元、900 元。"9"代表长长久久的意思，双数代表好事成双。

翻箩 [pʰaŋ³³lɯ⁴²]

婚礼退给客人的礼物、礼金。婚礼上，客人往往是带着礼金、礼物等"礼数"来的。旧时，主人往往只收 80% 或者 60% 的礼金，剩下的 20% 或者 40% 让客人带回去。退还礼金时，往往还会发喜饼、花生、瓜子、橘子。

敬酒 [tɕiŋ²¹tsiau³⁵]

在婚宴酒席上，新人要逐一向来宾敬酒。敬酒时要说一些客气话。

7-23 ◆永明东路

7-25 ◆永明东路

新媳妇娘床 [sai³³suɯ²¹pɯ²¹ɳiaŋ⁴²tu⁴²]

　　新婚夫妇的床。由福气好、有儿有女的女性长辈来"安床" [ŋ³³tsaŋ³³]_{铺床}铺床，铺床时要将铜钱放在床的四个角上，还要说上一些吉利话。

7-28 ◆永明东路

双喜字 [saŋ³³ɕi³⁵tsɯə³³]

　　结婚时会在屋内、门窗上贴红色的"囍"字。

滚床 [kəŋ³⁵tsaŋ⁴²]

让新生婴儿在婚床上滚动，以便为新人求得赐子的运气。婚床上会有花生、枣儿、米等食品，寓意"早生贵子" [tsau³⁵sa³³kua²¹tsʅ³⁵]。

黏句 [ɲɔ³³tɕiu²¹]

结婚时会贴寓意婚姻长久、吉祥如意的对联。"句" [tɕiu²¹] 是对联的意思。

7-30◆浦尾

猪心 [liu³³sai³³]

　　新女婿去女方家拜年时吃的一道正菜。餐桌上一般还有猪肺、猪肝和三角形的猪肉块。

下脚酒 [fɯə²¹tɕi⁵⁵tsiau³⁵]

　　新婚第一年女婿正月初一要到女方家拜年，并受邀喝酒，女方家要请重要的亲人来陪客，之后男方要回请女方家人。

7-29◆夏湾

中国语言文化典藏

7-31 ◆新华

三朝 [soŋ³³li³³]

　　婴儿出生后第三日，主人请近亲吃饭，庆祝婴儿诞生，称"做三朝" [tsɯə²¹soŋ³³li³³]。亲朋好友携带红包、礼物登门祝贺，主人家则宴请宾客，派送发饼、红鸡蛋等礼品。这天要用女贞树叶煮水，为婴儿净洗，并取一个鸡蛋分别在婴儿的脸、膝盖、屁股上滚一圈，寓意小孩未来会茁壮成长，其他鸡蛋则分给家中和邻居家的小孩。多数人选择在小孩满月时"做满月三朝" [tsɯə²¹maŋ²¹ny³³soŋ³³li³³]，或在小孩一岁时办"满岁酒" [maŋ²¹ɕy²¹tsiau³⁵]。

219

寿桃 [ɕiau³³tʰu⁴²]

也叫"寿桃包"[ɕiau³³tʰu⁴²piau³³]。老人寿宴上招待宾客的包子，甜馅儿，有的正中有红点，状似桃子。如果不是满十的生日，庆祝仪式相对简单，一般是早上长寿面，里面放四个鸡蛋，午餐煮鸡杂，晚上炖鸡。

银手□ [ȵie⁴²ɕiau³⁵kʰua²¹]

戴在手腕上的环形银饰。这里专指婴儿出生后长辈赠送的手镯，多为银制、活扣、带铃铛的。一般是外婆家准备，往往还有脚环、颈箍等。

长命锁 [tsiaŋ⁴²mioŋ³³suɯ³⁵]

挂在婴儿脖子上的一种锁状银饰，是长辈赠送给婴儿的。锁上一般写着"长命百岁""富贵""如意"等字样。按照民间说法，佩挂上这种饰物能消灾辟邪。一般是婴儿的外婆或者爷爷、奶奶准备。

7-35 ◆ 夏湾

买水 [mɔ²¹ɕya³⁵]

逝者的儿女去河、井等有活水的地方，把铜钱丢进水里，盛一桶水回家给逝者清洗。

烧草 [ɕi³³tsʰau³⁵]

逝者停放在地上后女儿在村旁路口烧稻草，以前烧的是床上垫的稻草。出殡之后则烧掉逝者的棉被衣物。

7-36 ◆ 夏湾

江水桑·婚育丧葬

煮黄饭 [tɕiu³⁵haŋ⁴²paŋ³³]

一般是儿媳妇给逝者煮饭，煮的时候将普通的大米和糯米混在一起，里面放黄栀子果染色，所以饭是黄色的。取少许黄饭捏成两个小团，在"伏地"后放在逝者手里。另有一些会放进坛子，在填平墓穴后，放在墓穴正前方的土里，寓意逝者到阴间有粮食吃。

青油火 [tsʰioŋ³³iau⁴²fu³⁵]

茶油灯，其实就是将灯芯置于茶籽油里面，也称"长明灯"[tsʰiaŋ⁴²mioŋ⁴²lai⁴⁴]，停枢期间不可熄灭。

报死 [pau²¹sa³⁵]

家人到逝者的兄弟姐妹、舅伯姑姨等亲戚家报丧。

7-39◆夏湾

衔口 [haŋ⁴²hau³⁵]

在逝者口中放入一枚银圆，寓意逝者在阴间有钱花。当地民众认为，不能用铜钱，因为铜可驱邪，不适合给逝者用，如果逝者衔铜钱，在阴间会找不到吃的。

入殓 [na³³nəŋ³³]

入殓必须在酉时完成。入殓前，将棺材抬进客厅中间，下面必须垫几个砖块，防止棺材触地。棺材底下要铺几层宣纸，撒点灶灰，然后垫一些棉花。至亲中4人抬装有逝者的孝被放进棺材，孝子、孝孙在旁边。之后亲属在逝者身上撒谷子，塞好寿枕，后找瓦片放在逝者头部两侧，防止其头部滚动，之后还要用逝者生前穿过的衣服塞在尸体四周。以前亲人会把自己衣服的一角剪下放进棺材，现在会直接放一件自己的衣物，同时还要放一些钱。入殓时，逝者原来握着的黄饭团会放进坛子里，亲人改让其手里抓钱。为了确保逝者的身体放正，会有专门的"捧脑" [pʰai³⁵nai³⁵] 环节，即按照事先在棺材上做好的记号拉一根穿着铜钱的线，让孝子将逝者的鼻子对准铜钱后捧正其头。如有几个儿子，按长幼顺序依次操作。用过的线在下葬时还要再用。

7-41◆夏湾

7-42 ◆夏湾

7-44 ◆夏湾

五色布 [ŋ²¹suɯ⁵⁵pu²¹]

　　五色带孔圆布，套在"子孙钉"上，钉到棺材上。寓意逝者家族后代繁衍昌盛。

粉枋子盖 [fai³⁵faŋ³³tuɯə⁰kɯ²¹]

　　盖棺盖，也可以说"盖枋子盖"[kɯ²¹faŋ³³tuɯə⁰kɯ²¹]。

7-46 ◆夏湾

豆腐骨 [tau³³fu³³kuɔ⁵⁵]

　　葬礼期间，逝者家人请亲友在家聚餐。以前的讲究是一定要有豆腐、骨头，因此参加葬礼又叫"食豆腐骨"[ie³³tau³³fu³³kuɔ⁵⁵]。

钉子孙钉 [lioŋ²¹tsɯə³⁵ɕye³³lioŋ³³]

　　打寿钉。先将 4 个寿钉打在棺材的两侧。左边的中间预留了一个较深的子孙钉，子孙钉必须要由孝子、孝孙按长幼顺序轮流钉到棺材上。

上凳 [ɕiaŋ²¹lai²¹]

　　入殓结束后，棺材会被放置在客厅一侧的两张高凳上。停枢一般要停三天，如果天气炎热，两天就下葬。当地有"逢七不出，八不进"的说法，即农历逢七不宜送葬，逢八不能嫁娶。

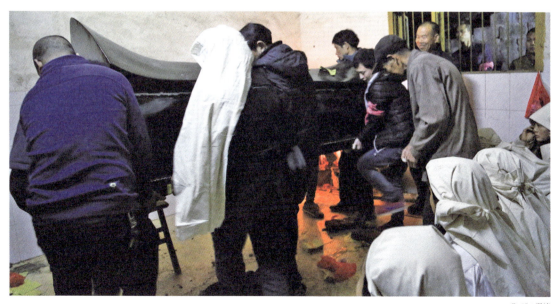

225

7-49◆夏湾

7-48◆夏湾

赶煞气 [kaŋ³⁵sɔ⁵⁵tɕʰi²¹]

　　抬棺材前要杀鸡，并在棺材上滴鸡血。在棺材上还要放个鸡蛋，鸡蛋用个碗盖住，之后要把碗打烂。用抬棺材的粗绳敲打棺材三下，然后盖上床单。出殡路上若经过有老人的家，老人会朝队伍撒五色米，也叫"赶煞气"。

挖金井 [vɔ⁵⁵tɕie³³tsioŋ³⁵]

　　挖墓穴，由"八佬"[pɔ⁵⁵lɔ³⁵]抬棺材的八个男性负责。

待八佬 [tɔ²¹pɔ⁵⁵lɔ³⁵]

　　"八佬"就是抬棺材的八个男性，他们也是葬礼上出力最多的人，负责举行葬礼仪式、抬棺材、挖墓穴。出殡前一天，家属招待抬棺的八个人吃饭，非常隆重，一般要有12道菜，女儿还要给他们烟、酒、钱。

7-47◆夏湾

把彩 [pɯə³⁵tsʰɔ³⁵]

出殡时，送葬队伍前头由两个男孩举着挂引路幡的两根竹子引路。送葬结束，要将引路棍的尾端折断，丢掉纸幡，换上两块红布捆在棍子上，由原来拿引路幡的小孩带回主人家。

7-51◆夏湾

上山 [ɕiaŋ²¹sa³³]

出殡。一般是下午两点出发。出殡这天早上孝子、孝孙以及叔伯到山上选墓地，叫"行山"[ha⁴²sa³³]。一般会参考谁家的后代比较顺利、平安、富贵来选择自家墓地的位置和朝向。

7-50◆夏湾

脑子 [nau³⁵tsʅ³⁵]

　　装黄饭的坛子，寓意是给逝者放粮仓。不和棺材一同放进墓穴，而是填平墓穴后，放在墓穴正前方的土里，次日堆土时再用土盖住。

7-57 ◆夏湾

暖材 [naŋ²¹tsə⁴²]

　　在棺木未放进墓穴前，"八佬" [pɔ⁵⁵lɔ³⁵] 抬棺材的八个男性中的长者在墓穴中烧芝麻秆、线香、纸钱、香烛等。

应坟词 [iŋ²¹fai⁴²tsɯə⁴²]

　　祝福的话语，祈求子孙后代平平安安，大富大贵。"应"是念的意思。

7-53 ◆夏湾

7-56 ◆夏湾

7-52◆夏湾

跪孝 [kua²¹ɕiau²¹]

出殡路上，凡是过桥、上坡、下坡，孝子都要在棺木前面跪拜。

7-54◆夏湾

吊线 [li²¹sən²¹]

将棺木放进墓穴后，用入殓时用过的拴着铜钱的线校正，确保棺木放置的位置准确。然后割破鸡喉咙，将鸡血滴在棺材上和棺材四周。"八佬"抬棺材的八个男性往逝者子孙身上撒五色米，当地人认为象征逝者会保佑子孙的财运，子孙会用孝衣兜住一些五色米（见图7-55）带回家。然后长子铲土开始埋棺材，之后其他子孙轮流象征性地铲土，最后由"八佬"埋好棺材。

7-55◆夏湾

江永

染·婚育丧葬

229

拜家仙 [pɔ²¹kuɯə³³sən³³]

孝子出殡回来，逝者家属在门楼处迎接孝子捧回来的灵牌，放到供奉祖先的"家仙屋" [kuɯə³³sən³³vu⁵⁵]专用来放灵牌的屋子，燃香、"烧纸"、点蜡烛，寓意把逝者的灵魂归位故里。

枋子 [faŋ³³tuɯə⁰]

棺材。逝者年老，用深黑色棺材；未婚逝者的棺材为红色。生前预制的棺材叫"寿枋" [ɕiau³³faŋ³³]。

7-59 ◆夏湾

7-60 ◆夏湾

灵牌 [lioŋ⁴²pɔ⁴²]

上面写逝者的姓名、出生年月和死亡日期、时间。安葬结束，女儿、儿媳跪在门楼处迎接送葬队伍，并接灵牌，燃放鞭炮，赠予宾客烟、酒。孝子要把灵牌放入祠堂里，同时供上纸钱，并告知祖宗。

家仙屋 [kuɯə³³səŋ³³vu⁵⁵]

专门用来放灵牌的屋子，一般只能放60岁以上的老人的灵牌。

扫土 [sau²¹tʰu³⁵]

出殡第二天，逝者的所有亲属前往墓地垒坟头。垒完坟头将孝棍、孝帽、花圈等根据辈分或插或摆在坟头。

孝服 [ɕiau³³fu³³]

　　孝子穿长白孝服，系反手搓的稻草绳。孝女穿短白孝服，也系孝绳，同时还要穿蒙上白布的孝鞋，头上插白布加上苎麻做的孝花。"孝"[ɕiau³³] 读变调。

吹扎客 [tɕʰya³³tsɔ⁵⁵fɯə⁵⁵]

　　葬礼上吹奏乐器的乐队。

祖 [tsu³⁵]

坟墓，也称"祖脑"[tsu³⁵nai³⁵]。一般在逝者的曾孙出生后立碑，碑上刻有逝者的姓名、出生年月、死亡日期、子孙后代的名字、墓地名。墓碑前还有一块空地，用于子孙祭拜时烧纸钱、点蜡烛。

孝棍 [ɕiau²¹kuai²¹]

孝子手中的哭丧棒，是用树枝或竹子做成的短棍。

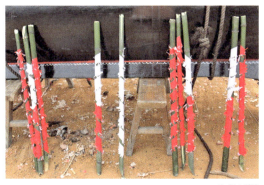

孝索 [ɕiau²¹ɕye⁵⁵]

孝绳。葬礼上逝者的儿子、女儿、儿媳妇会在腰间捆上反手搓的稻草绳，以示追思。

在江永，除了农历十月、十一月，其他每个月都有一两个传统节日。

和其他汉族地区一样，最重要的节日是春节。从农历十二月二十日开始，家家户户开始赶集置办年货，还做烧酒、磨豆腐、炸豆腐、炒花生、打糍粑、杀年猪。俗话说："二十三送灶王，二十五磨豆腐，二十六打粑粑，二十七擦窗户，二十八杀鸡鸭，二十九样样有，三十晚上胀斑狗。"讲的就是过年忙碌的情形。过年前还要清理房前屋后，贴对联、门画。大年夜、小年夜，饭前都要在门口摆上猪肉、鸡肉、豆腐等祭品，用来祭拜天地，表达敬意。大年初一，到祠堂拜完祖宗，便去亲友家串门，参与舞龙、舞狮、耍春牛等公共娱乐活动。结婚不满一年的女婿，还要上岳父家赴宴。

其他重要的传统节日有清明节、中元节、中秋节。清明节人们先在祠堂举办仪式，给家中的新生男婴上谱，再去坟山扫墓。中元节有接祖、送祖等活动。中秋节也极为隆重，在新华村，全村人会一起围鱼、分鱼，也会请村外亲友到家中吃饭。

以前过节时，亲友之间会互赠礼物。比如春节送鸡肉、猪肉，中秋节女儿、女婿带鸭、水果、月饼等礼物回娘家。粽子、糍粑在各种节日都会出现，只不过样式、口味有微调。如清明节亲友互赠比较大的糍粑；中元节送小个的、有馅儿的糍粑；清

明节吃三角的粽子；中秋节专门吃用花生、板栗、四季豆或红豆与糯米混合制成的四角粽子。

农历四月初八，未婚女性凑鸡蛋、糍粑、糖等食品一起烹饪过节，叫"斗牛"[lau²¹ŋau⁴²]。这一天相传是牛的生日，当地人用乌斑叶煮水，做糍粑喂牛。人们还要祭神、"耍春牛"[ɕyɔ⁵⁵tɕʰye³³ŋau⁴²]，也叫"春社"[tɕʰye³³ɕye²¹]。农历六月末要"尝新"[ɕiaŋ⁴²sai³³]，即在新谷快长成时，象征性地取几粒新的稻谷磨皮后放在旧米里面煮。已婚的子女要接父母到家里吃饭。有的家庭也会邀请亲友聚餐。开饭前要在门口、客厅的神位分别祭祀天地、祖先。如果家里有狗，要给狗先吃。当地人认为，如果狗先吃饭，当年的米贵，如果它先吃菜，则当年的肉贵。实际上，这可能是受瑶族影响的崇拜狗的行为。让狗吃完，便轮到家里最年长的男性尝新，一般是岳父开始。原来农历六七月有"吹凉节"，九月重阳有专门的庙会。

江永还有瑶族特有的节日，如赶鸟节、洗泥节、盘王节，当地汉人也参与庆祝。

现在，节日习俗已经在慢慢消亡，如耍春牛，如今只有缘口一带偶尔有人会耍，"斗牛"也变成聚餐的代名词。"尝新"、"吹凉节"、重阳节的习俗也越来越不为人所知。

8-2 ◆雄方

杀年猪 [sɔ⁵⁵nən⁴²liu³³]

　　以前在农历十二月二十之后，或者冬至时，江永人会杀年猪，方便做腊肉、香肠。杀猪时会请亲戚朋友一起吃饭，主菜是萝卜炖猪骨汤，此外，还有血灌肠、炒猪肝、炒瘦肉、猪脊、肥肉等菜式。等亲友回家时，主人还分些猪肉给他们。

血灌肠 [çy⁵⁵kaŋ²¹tɕiaŋ⁴²]

　　主要由猪血、糯米、香芋做成。将这些原料灌进猪大肠，再放入大锅里，和萝卜骨头一起煮。煮的时候要扎孔、放气，血肠才不会爆裂。

糍 [tsɔ⁴²]

　　糍粑。一种用糯米制成的食物，可以蒸熟食用，也可以煎炸。

8-3 ◆雄方

8-6 ◆千家峒街

238

煲鸡 [pau³³tɕi³³]

鸡平时多用来炒、煮，过年时多用来煲。如何分鸡也是一门学问：鸡腿一般给孩子，寓意跑得快；鸡头或鸡胸给一家之主，象征带领大家。女婿上门拜年，岳父、岳母会为其夹鸡胸肉，以示喜爱、看重。

8-4 ◆ 上江圩

拜灶神 [pɔ²¹tsau²¹ɕie⁴²]

农历十二月二十三日送灶神，仪式是烧纸钱。大年三十接灶神吃年夜饭，这时要放供品，一般会把煮好的猪肉、鸡肉、豆腐三道菜摆放在大门口的凳子上，点香燃纸钱，供奉天地和祖先。以前拜灶神的仪式很讲究，要烧九支一束的香，还要用茶油点一盏长明灯，寓意让灶神顺利登上九天。

断ᵇ糍 [taŋ²¹tsɔ⁴²]

打糍粑。过程如下：糯米经水浸泡两到三小时后，用甑蒸熟，放进石臼里。然后用特制的两头粗、中间细的木棒来舂，直至糯米融合成泥，看不见米粒。糯米舂好后，按压成圆形的饼状，做成糍粑。土话"糍"[tsɔ⁴²]与"财"[tsɔ⁴²]同音，因此，过年时特别流行吃糍粑，寓意有财运。亲友也会互赠糍粑作为礼物。

8-1 ◆ 夏湾

8-5 ◆ 夏湾

8-7◆夏湾

拜＝馃子 [pɔ²¹ku³⁵tsɯə³⁵]

炸馃子。旧时过年，家家户户都炸这种由糯米、粳米、糖做成的食品。亲戚往来也常互赠双数分量的馃子或糍粑，寓意好事成双，吉祥如意。

黏福字 [ȵyɔ³³fu⁵⁵tsɯə³³]

旧时农历新年在门上、窗上、墙壁上贴"福"字，寄托了人们的美好愿望。也有将"福"字倒过来贴的，以求"福到"的口彩。

8-13◆夏湾

猪脚 [liu³³tɕi⁵⁵]

猪脚营养价值高，当地人会在过年时用猪脚做菜。最常见的菜式是"海带煲猪脚" [hɯ³⁵lɔ²¹pau³³liu³³tɕi⁵⁵]，海带可以使猪脚更加鲜嫩，也可搭配红薯粉条、萝卜、冬瓜煲汤。

搞卫生 [kɯ³⁵va³³sa³³]

过小年的前一天要做卫生，清扫的区域包括屋内和室外的水沟、走廊、巷子。

8-11◆勾蓝瑶

8-8◆夏湾

8-12◆夏湾

8-10◆千家峒街

豆腐煮丸子 [tau³³fu²¹tɕiu³⁵yŋ⁴²tsɯə³⁵]

过年常见的一道菜。在江永县上江圩土话中，"腐" [fu²¹] 谐音 "福" [fu⁵⁵]，象征财富、富贵；丸子则代表团圆。

鬼子 [kua³⁵tsɿ³⁵]

过春节时贴在门上的画。常见的年画有当年生肖、财神等。也有人贴门神，以驱邪保宅。

写春句 [sie³⁵tɕʰye³³tɕiu²¹]

写春联。也叫 "写句" [sie³⁵tɕiu²¹]。春节时贴在门上的对联叫 "黏句" [nyɔ³³tɕiu²¹]。对联上一般都是一些吉祥话，跟合家欢乐、财富等相关，表达人们的美好愿望。以前的春联都是除夕前几天用毛笔在红纸上现写的，现在大多数人都是直接在集市或商店买印刷的成品。

8-9◆上江圩

8-14◆夏湾

小年夜 [si³⁵nəŋ⁴²ye²¹]

大年夜的前一天。小年夜聚餐没有大年夜那么讲究，一般做五六个菜就可以了。按当地的习俗，过小年要祭祖，要送菜到外婆家。出嫁三五年的女儿要在娘家过小年，过大年时回婆家。"夜"读变调。

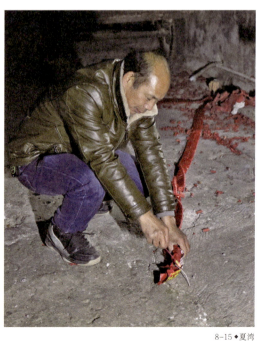

8-15◆夏湾

放纸炮 [paŋ²¹tsɯə³⁵pʰiau²¹]

小年夜、大年夜吃晚饭前，大年夜晚上12点钟，初一起床后开门，都要放鞭炮。一般是家里的青壮年男性放。

8-18◆夏湾

8-17◆夏湾

豆腐酿肉 [tau³³fu²¹ȵiaŋ³³vu³⁵]

当地常使用"酿"这种制作食物的方法。豆腐酿肉的做法是：炸好豆腐泡儿，在中间划开一个小口，再把猪肉馅儿、葱花搅拌均匀塞进豆腐里。水煮或者蒸制后食用。

藕叶包肉 [ŋau²¹i³³piau³³vu³⁵]

荷叶包酥肉。用荷叶包上炸好的半肥半瘦的酥肉，裹上糯米粉后，用蒸笼蒸熟后食用。这道菜可能是近年从道县传过来的，过去不常见，现在除了有用荷叶包肉，还有藕叶包鹅肉、藕叶包排骨、藕叶包鸭，做法基本相同。

食大年夜 [ie³³tɔ³³nəŋ⁴²ye²¹]

大年三十吃团圆饭。这一顿往往比较丰盛，必有的一道菜是鱼，寓意年年有余。人们希望在这一天吃好喝好，不负一年的辛劳。凡有债务纠纷的，吃团圆饭前应该结清，若无力偿还，则须另行商量还钱时间。

8-16◆夏湾

坐大年夜 [tsɯ²¹tɔ³³nəŋ⁴²ye²¹]

除夕晚上，一家老小一起守岁。大家在一起聊天、看电视、吃糖果、嗑瓜子，到午夜十二点放鞭炮、烟花，迎接新年。长辈会给未成年的小孩压岁钱，土话叫"摘岁钱" [tsu⁵⁵ɕy²¹tsəŋ⁴²]，金额多少不等，少则几十，多则几百，丰俭由人。

大年夜这天晚上，家里会烧一盆炭火，睡觉前要用火灰盖好，保证第二天拨火时依然红旺，寓意新年兴旺发达。

莫动土 [mɯ²¹tai²¹tʰu³⁵]

不扫地。大年初一这天，一般不能扫，否则寓意钱财流失。

中国语言文化典藏

拜年 [po²¹nəŋ⁴²]

大年初一，晚辈按辈分从高到低给长辈拜年。一般初一是儿子给父母拜年，初二是已婚的女性带着丈夫回娘家拜年，初三、初四是给姨妈、姑妈等人拜年。邻居之间也会相互拜年。

如家中有出嫁不到一年的女儿，父母会在大年初一请女婿吃饭。女婿会和自家兄弟挑上一担糍粑、红鸡蛋，带上红包赴宴。岳父、岳母宴请后，女方家的其他亲属也会在正月初二到元宵节前轮流宴请。常见菜式有猪肝、猪肺、猪心、鱼、鸡、黄花炒瘦肉、红枣煲鸡、红薯粉条、豆腐丸子等。

8-23◆夏湾

包糍 [piau³³tsɔ⁴²]

粽子。在江永，各种重要的节日都会吃粽子，过年的时候也不例外。做法是将草烧成灰，过滤残渣后的水用来浸泡糯米，混合肉、花生、板栗、豆子等，放上少量食盐与油，用粽叶包成三角、四角、圆柱、圆饼等形状。另有一种粽子没有豆子和肉，只用花生、糯米制成。

8-19◆夏湾

食糍 [ie³³tsɔ⁴²]

大年初一早餐，家家户户吃糯米做的糍粑。土话"糍"[tsɔ⁴²]与"财"[tsɔ⁴²]同音，吃糍粑寓意一年都有财气。

8-21◆夏湾

8-24◆夏湾

8-26◆勾蓝瑶

送茶 [sai²¹tsu⁴²]

过年接待客人的零食。一般有糯米做的"拜⁼馃子"（见图8-7），还有糖果、红瓜子、红枣、花生等。江永上江圩土话的"瓜"[kuɯə³³]跟"加"[kuɯə³³]同音，寓意添子添孙。"枣"[tsau³⁵]跟"早"[tsau³⁵]同音，寓意早生贵子。

耍狮 [ɕyɔ⁵⁵suɯə³³]

舞狮。往往跟舞龙队同时出现，功能、待遇差不多。

宝⁼腰鼓 [pau³⁵i³³ku³⁵]

打腰鼓。"宝⁼"[pau³⁵]，是打的意思。一般举办节日庆典的时候，请会打腰鼓的人来表演，增加热闹的气氛。

8-28◆知青广场（游康生摄）

8-25 ◆勾蓝瑶

耍龙 [ɕyɔ⁵⁵liaŋ⁴²]

舞龙。每年的大年初一，民间的狮队、龙队会给附近的村民挨家挨户拜年。大家会在门口放鞭炮迎接龙狮队，然后打发一个红包。红包数额不多，一般是六元、十元。"耍" [ɕyɔ⁵⁵] 读变调。

蚌雷＝舞 [pa⁴²lie⁴²vu²¹]

蚌壳舞。"蚌雷＝"是蚌壳的意思，跟"雷＝□" [lie⁴²mu³⁵] 螺相对。以前常见于过年时的庙会。

8-27 ◆知青广场（游康生摄）

247

扇子舞 [ɕiŋ²¹tsɿ³⁵vu²¹]

　　扇子舞。节日庆典的常见表演。

唱戏 [tɕʰiaŋ²¹ɕi²¹]

　　当地唱祁剧，也唱傩戏。以前在江永松柏乡有过年唱傩戏的传统，表演者戴上面具，用原始、粗犷的舞蹈动作，伴以乐曲表演驱鬼。现在，傩戏已很少上演。

8-32 ◆知青广场（游康生摄）

猜古景 [tsʰɔ³³ku³⁵tɕioŋ³⁵]

　　猜谜是江永元宵节的传统节目。"古景" [ku³⁵tɕioŋ³⁵] 指谜语。现在每年的元宵节，在江永县城的知青广场有猜灯谜的活动。当地的谜语一般是七字一句，一共四句。平常闲聊时，当地人也喜欢相互出谜语，谜语多与农村日常有关。

食汤圆 [ie³³tʰaŋ³³yŋ⁴²]

　　元宵节吃水煮汤圆，馅儿通常是芝麻、白糖或黄糖的。这一天一般会安排家庭聚餐，也要烧纸钱、放鞭炮。

8-31 ◆上江圩

古景 [ku³⁵tɕioŋ³⁵]

谜语。江永元宵节的猜谜活动比较有特色的是有一些灯谜是用女书写的。谜面为"与人为乐"，谜底是"竺"字。

8-35 ◆何家村

祖山 [tsu³⁵sa³³]

　　坟山，用来安葬本村的逝者。过去坟山有"左青龙右白虎"的说法，即坟墓左边的山要比右边的山高，或延伸得更远，寓意旺财旺子孙。以前是看地先生来选墓地，现在很难找到看地先生，改由孝子自己选择。清明节的前三天后四天都可以上坟山祭拜祖先。祭拜前，一般会清理坟墓周围的杂草，为坟筑土。

上谱 [ɕiaŋ²¹pʰu³⁵]

　　"谱"即家谱，是记载本家族世系和相关重要事迹的书。家族若有出生不满一岁的男婴，清明节扫墓前宗族祠堂有上家谱的仪式，也叫"上天志"。清明有常规祭拜仪式，祭拜完，猪头之类的供品会分给众人，叫"分清明菜"。仪式完成，族人聚餐，叫"食清明" [ie³³tɕhioŋ³³mioŋ⁴²]，一般由添丁的家庭组织。菜一般有十碗或十二碗。旧时，宗族还有专门的田地，收成专门用于组织家族清明活动及聚餐。清明节只有男子才能参加，供品也只分给男性。如果家族中有入学读书的人，可以分两份，以资鼓励。

8-34 ◆何家村

挂纸 [kuɔ²¹tsɯə³⁵]

把一张纸钱对折，插到蜡烛顶端，然后点燃纸钱，让蜡烛燃烧起来。烧纸钱的时候，一般是三张一叠对折，三至五叠烧一次。扫墓烧纸的时候，嘴里往往还会念一些保佑子孙平安、保佑后代发财的话。

唱社 ⁼[tɕʰiaŋ²¹ɕye²¹]

作揖。

中国语言文化典藏

8-40 ◆何家村

漉鸡血 [lu³³tɕi³³ɕy⁵⁵]

到墓后把供品摆好，割鸡喉咙绕墓一周洒血。然后作揖叩拜，接着收供品，将酒分三次洒在坟前，最后放鞭炮。如果带的是鸡血，则将鸡血和酒混合后洒在坟前。按当地风俗，不洒鸡血不可以动土。洒叫"漉" [lu³³]。

证˭样 [tɕie²¹ian³³]

供品。如果祖坟离家不远，清明扫墓则直接带鸡和酒水、肉、四角粽子、纸钱、香烛等供品；如果祖坟离家较远，则不带鸡，而带鸡血。"证˭"可能是"供"的变韵。

别子棍 [pi³³tɯə⁵⁵kuai²¹]

扫墓时的一种祭祀用品。现在精美的成品一般都是从市场上买的，以前人们直接在山上砍一根小树枝，枝头捆上一张纸钱，插在坟墓顶端，表示坟主已有后人在清明扫了墓。这种做法如今在农村仍常见。

8-39 ◆何家村

8-36 ◆何家村

8-41 ◆ 千家峒街（游康生摄）

端午节 [laŋ³³ŋu²¹tsi⁵⁵]

当地人在农历五月初五，会用艾叶、菖蒲等草药煮水洗澡，还会在门口挂菖蒲，在屋里屋外洒雄黄酒，还有在身上挂香囊的，以达驱虫辟毒之效。这一天，已婚女性会带上鸡鸭鱼肉、粽子等礼品回娘家。以前江永还有划龙舟的习俗，现在已经很久没有举办过了。目前端午节仍然保留的传统是到集市买卖草药。五月天气热，草药茂盛，加上当地千家峒人善采草药，常拿到集市去卖。

羊角狗 ⁼[iaŋ⁴²tɕiau⁵⁵kau³⁵]

三角形的粽子。一般用花生、红豆、四季豆做馅料。以前清明节的时候吃，建新房、办喜酒或者葬礼上也会有。现在端午节吃得也比较多。

食鸭肉 [ie³³vɯə⁵⁵vu³⁵]

在江永，端午、中秋都流行吃鸭。当地人认为，鸭肉是凉性食物，天气炎热时食用比较好。养鸭业在江永比较发达。

8-45 ◆ 上江圩

8-46 ◆ 上江圩

254

艾子姆叶糍 [ŋ³³tɯə⁰məŋ⁰i³³tsɔ⁴²]

艾叶糍粑。"艾子姆叶" [ŋ³³tɯə⁰məŋ⁰i³³] 指艾叶。三四月是艾叶最嫩的时候，当地人会把艾叶、糯米舂成粉末，将粉末过筛后，加水揉成团，放到柚子叶上蒸食。江永的艾叶糍粑是有馅儿的，既有芝麻、花生、白砂糖混合的甜味的，也有豆腐、猪肉混合的咸味的。

8-43 ◆雄方

挂菖蒲叶 [kuɔ²¹tɕʰiaŋ³³pu⁴²i³³]

端午节江永民众有在大门两侧挂菖蒲、艾叶的习俗。菖蒲叶发出的芳香气味可防蚊虫，菖蒲叶还可化湿、防止瘟疫。有些人夏天也会拿菖蒲煮鸡蛋，煮蛋的水用来给小孩子洗澡，防止生水泡、长痔疮等。

洒雄黄酒 [su⁵⁵ɕiaŋ⁴²haŋ⁴²tsiau³⁵]

端午节气温开始变高，蛇出没的可能性慢慢变大。江永人根据蛇不喜欢气味强烈的雄黄的习性，会在这天端上雄黄粉末与米酒混在一起制成的雄黄酒，在房屋里外洒一圈。大人也会给小孩子的手上、脑门上抹雄黄酒，达到驱虫辟毒之用。

8-42 ◆雄方

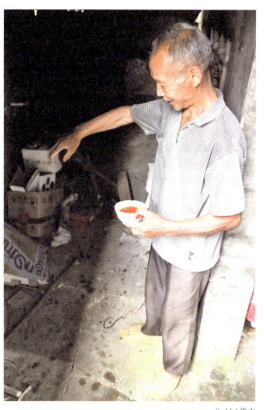

8-44 ◆雄方

8-49◆夏湾

送公嬷 [sai²¹kai³³mɔ³⁵]

送祖。时间一般在农历七月十四晚上 22 点以后。到村口摆上粽子、糍粑，点燃蜡烛，焚烧纸钱、纸衣、纸做的金银财宝等祭品，上面写有名字，家人也会念逝者的名字，提醒他们领钱财、衣物。所烧的纸钱、物品都摆在石灰画的圈圈内，按民间说法，这样可以防止别人家的鬼来抢自家祖先的东西。当地有"鬼望月半，人望清明" [kua³⁵vaŋ⁴⁴ȵye⁴⁴paŋ²¹，ie⁴²vaŋ⁴⁴tɕʰioŋ³³mioŋ⁴²] 鬼盼着过中元节，人盼着过清明节。清明是给婴儿上族谱的时间的说法。

8-47◆夏湾

七月半 [tsʰa⁵⁵ȵye³³paŋ²¹]

中元节。农历七月初十到十四举行祭祖仪式，分为接祖、送祖。一般农历七月初十接祖，摆放供品、食物，烧香请祖灵回家团聚。如果所祭之人是非意外死亡，接祖地点就在家门口；如果是意外死亡，接祖地点就要改到村口。

8-50 ◆夏湾

8-51 ◆夏湾

包 [piau³³]

纸钱、元宝等祭祀品，给家里过世的亲人，一般是一位祖先一个包。这一般由家里女性准备。每个包上往往会有一张专门的纸，纸上写明某某人于某年某月烧了什么东西给哪位祖先，便于祖先"认领"。

元宝 [yŋ⁴²pau³⁵]

人们认为祖先在阴间也需要钱财，其中一种硬通货就是金元宝，因此会在中元节用金黄色的纸做成元宝的形状，供给祖先。如今也有人根据自己的想象，按照如今人间流传的币种为祖先准备仿制品。

买纸 [mɔ²¹tsɯɛ³⁵]

中元节为祖先买纸扎的祭祀品，纸钱、纸衣最常见，除此之外，还有纸扎的鞋帽、元宝等。

8-48 ◆夏湾

江水

捌·节日

8-54◆夏湾

8-53◆夏湾

冥鞋 [mioŋ⁴²hɔ⁴²]

纸做的鞋子，中元节的祭祀品之一，是老式绣花鞋或者布鞋的样子。

冥帽 [mioŋ⁴²mau³³]

中元节的祭祀品之一，纸做的帽子，是以前瓜皮帽的样式。

8-52◆夏湾

冥衣 [mioŋ⁴²ɔ³³]

纸制的衣服，是中元节给祖先的祭祀品，衣服领口一般写明逝者名字，黑色、深蓝色、暗红色最普遍。

冥屋 [mioŋ⁴²vu⁵⁵]

中元节的祭祀品之一，纸做的房子。

8-55◆夏湾

8-58 ◆新华

雨⁼大塘鱼 [vu²¹tɔ³³taŋ⁴²ŋu⁴²]

中秋节放水捞鱼，也叫"雨⁼鱼"[vu²¹ŋu⁴²]。在江永一些村落，特别是上江圩镇新华村，中秋节会把公共池塘水放干，举办捕鱼活动。冬天村民放鲢鱼、鲤鱼、草鱼等鱼苗入塘。到中秋，鱼已长肥，家家户户、老老少少都可以拿着纱网、虾耙等工具下塘捞鱼。

旧时上江圩镇，村村都有护佑村民的保护神，如盘古、包拯、关羽等。每年大家在初春祭祀，八月举办庙会，以便酬神，叫"过神⁼"[ku²¹ɕie⁴²]。后来该仪式跟中秋节合并了。

辣姜□肉 [lɔ³³tɕiaŋ³³tsʰiaŋ²¹vu³⁵]

把剁碎的猪肉馅塞进掏空的辣椒做成的菜，蒸或煎后食用。中秋节常用这道菜接待客人，端午节也有食用。

月饼 [ŋye³³pioŋ³⁵]

中秋节的节日食品。中秋是江永人比较重视的一个节日，在外地工作的人，一般会回家过中秋节，一起聚餐、吃月饼。当地月饼皮是面粉做的，最常见的馅儿有豆蓉、叉烧、蛋黄三种。

8-57 ◆夏湾

8-56 ◆新华

259

8-61◆夏湾

8-62◆夏湾

□□狗＝[poŋ²¹ŋai³³kau³⁵]

圆柱形的粽子，用笋皮包在外面，两端绑上绳子，可用来给三到十岁的小孩子玩。一般用花生、板栗、豇豆粒儿、红豆其中一种配猪肉做馅料。中秋节时制作，吃的时候，将粽子切片油煎。

两公婆糍 [liaŋ²¹kai³³pu⁴²tsɔ⁴²]

也叫四角粽。将两个半圆的粽子绑在一起，因象征夫妻不分离而得名。粽子是竹叶包的，也可以叫"竹叶糍" [liau⁵⁵i³³tsɔ⁴²]。

食鱼汤 [ie³³ŋu⁴²tʰaŋ³³]

特指中秋节亲友聚餐，因为宴席的菜式里一定有鱼。以前物资匮乏，人们的生活不太富裕，但依然注重人情往来，因此中秋捕鱼就成了招待客人、维系亲友情感的一个契机。除了鱼汤，宴席上还有苦瓜酿肉、豆腐酿肉、辣椒酿肉、仔姜炒血鸭、鸡肉炒辣椒等。跟春节的豆腐酿肉不同的是，此时的豆腐酿肉是新鲜的豆腐放入肉馅煎完再水煮。

分鱼 [pai³³ŋu⁴²]

捞完鱼之后，大家会到池塘边杀鱼、清理，然后开始分鱼。规则是捞到鲤鱼、草鱼，归自家所有；捞到鲢鱼，归集体，再按人口分。分鱼之前，需称一下所有鲢鱼的重量，以便于操作。

8-60◆新华

8-59◆新华

8-63 ◆松柏社区

赶鸟节 [kaŋ³⁵li³⁵tsi⁵⁵]

　　农历二月初一是赶鸟节，也叫"朱鸟节"。当地人会吃野生乌梨叶跟糯米做成的糍粑，即"朱鸟糍"[tɕiu³³li³⁵tsɔ⁴²]。以前也有人把糍粑放在田间竹竿上，供鸟食用。这个节日属古越人鸟图腾的遗风。以前当地还有个说法，出嫁的女子在赶鸟节那天不可留在娘家，否则容易给娘家带来灾祸。现在，赶鸟节这天变成了农产品交易日，全县的人，包括汉人都会前往松柏赶集，购买跟农业有关的用品，如斗笠、蓑衣、锄头、竹制品等。

8-64 ◆松柏社区

261

洗泥鬼 ˭[si³⁵n̠i⁴²kua³⁵]

　　洗泥鬼，即洗泥。江永瑶族有洗泥节，又称苦瓜节，一般在农历五月十三举办仪式，当地汉族也会前往庆祝。以前瑶寨农田离住家较远，农忙时节，男性要离家干活数日，住在田地临时搭建的"牛庄屋"里。忙完春耕，他们便洗净脚上的泥土，回家与亲人团聚。此时，寨子里还会在公共的鱼塘举办摸鱼的活动。这一天，瑶寨村民还会大摆宴席，敞开迎客，因此，附近的汉族民众也很高兴加入他们的节日庆祝仪式。

开寨门 [hu³³tsɔ³³mai⁴²]

　　勾蓝瑶寨洗泥节祭神仪式的序幕，寨门是寨子重要的进出通道，也是重大的公共活动的场所。祭神时，人们会准备猪头、酒菜、糍粑、瓜果等供品，酿苦瓜也是供品的常见菜式之一。

砍刀板 [kʰaŋ⁵⁵lai³³pa³⁵]

立春后第一次下雨打雷的时候，当地的男性，一般是一家之主，会拿一把菜刀在案板上连续剁几刀，寓意会打捞到鱼，特别是大鲤鱼。春雷响起，意味着鱼开始活动、产卵了。"砍" [kʰaŋ⁵⁵] 读变调。

摸鱼 [maŋ³³ŋu⁴²]

洗泥节的一个重要环节。在当地人看来，摸到的鱼越多，寓意收成越好。

江永

捌·节日

拜门楼 [pɔ²¹mai²¹lau³³]

寨里有村，村里又按姓氏分成不同的门楼。门楼是区分祖先来源、血缘亲疏的重要标志，住在同一门楼的人来自同一家族，其生活的地理区域自成一体，进出都需要经过门楼。洗泥节时，每个家族的人都会在门楼前摆出供品进行祭神仪式，当地龙狮队会到此舞动一番。

吹牛角 [tɕʰya³³ŋau⁴²tɕiau⁵⁵]

吹用牛角制成的号角。一般是瑶族法师来吹。

8-70◆勾蓝瑶（任泽旺摄）

8-73◆夏湾

吹扎 ⁼[tɕʰya³³tsɔ⁵⁵]

吹唢呐。

炕腊肉 [haŋ²¹lu³³vu³⁵]

烘腊肉。冬至后人们开始做腊肉。一般流程是：将肉切块，放进陶缸，抹上酒、盐，放上三四天，然后用桂皮、八角磨成的粉末撒在肉上放置几天。一般从小雪开始挂在厨房火炉上方，利用做饭、烤火时的热气将肉熏至金黄。

龙狮队 [liaŋ⁴²sɯə³³lie²¹]

重要的节日和活动场合，当地的龙狮队常常出现，以增加喜庆的气氛。

8-72◆勾蓝瑶（任泽旺摄）

本章包括口彩禁忌、隐语、俗语谚语、歌谣、故事五个部分。这些现象主要以语言为载体，难以像前几章那样通过图片来表现，我们把这些纯语言类的方言文化现象集中收录于此。

口彩即吉利话、吉祥语。在江永，当地人在结婚、生孩子、祝寿、搬家、春节等场合都比较注重口彩。禁忌语是在某些场合需要避讳的话，用于替代禁忌语的话语是婉辞。江永土话里对死亡、疾病、凶祸、不雅的一些事物等会用委婉语表达，很多村以前都还有特有的暗语。

江永俗语谚语、童谣和山歌等都很丰富，里面记录了当地的气象、物产，也记录了当地的民风习俗以及当地百姓的人生态度和处世哲学等，本章摘选了部分记录。俗语谚语大致按顺口溜、俗语、谚语、歇后语、谜语的顺序分类记录。闲时在村里，老人家会唱一些哀怨的歌来抒发情绪。以前，江永还有坐歌堂的习俗，新娘出嫁前三天，

中国语言文化典藏

会请伴嫁姑娘和女性亲戚到家里通宵达旦唱女歌，以歌送嫁。

　　江永境内流行祁剧，但并非用本地方言表演。在松柏乡流传傩戏，即以拟人手法而形成的民俗戏剧。演出时分前台、后台，前台武像表演，后台吹笛奏器。前台表演有说白、唱功，说白用当地土话，唱功用本地官话，表演者根据内容戴上相应的面具。不过现在民间极少演傩戏，所以难以记录。

　　在江永，传说、故事非常多，尤其是反映当地风土人情、节日、民族来历相关的故事。本章依据讲述人的实际发音记录。

　　本章不收图片，体例上也与其他章有所不同。其中俗语谚语、歌谣、故事几部分大致上按句分行，每句先写汉字，再标国际音标，如需注释就用小字加在句末。每个故事后附普通话意译。

六六大顺 [liau³³liau³³tɔ³³ɕye³³]

新年、婚礼上常见的口彩祝福语，寓意一切顺利。

长长久久 [tsiaŋ⁴²tsiaŋ⁴²tɕiau³⁵tɕiau³⁵]

婚礼上常见的口彩，祝福新人白头到老。

福来得 [fu⁵⁵lai²¹tɯ⁵⁵]

准备过年的时候，很多人家里会在门口张贴倒着的福字，寓意福气来临。

大吉大利 [tɔ³³tɕi⁵⁵tɔ³³la³³]

店铺开张或者拜年时常说的祝福语。

糍 [tsɔ⁴²] 糍：谐"财"

过年时，每家每户都会准备糍粑，寓意新年有财运。

添财 [tʰəŋ³³tsɔ⁴²]

祝福别人有财运，一般是新年或者开张时说。

长命百岁 [tsiaŋ⁴²mioŋ³³pɯə⁵⁵ɕy²¹]

老人、小孩过生日时，宾客会说这句话来祝福其长寿。

福如东海 [fu⁵⁵y⁴²lai³³hɯ³⁵]

老人家过生日时，宾客一般会说这句话来祝福老人家长寿、有福气。

寿比南山 [ɕiau²¹pa³⁵noŋ⁴²sa³³]

老人家过生日时，宾客一般会说这句话来为老人祝寿。

添福 [tʰən³³fu⁵⁵]

一般是老人家过生日时或过新年时的祝福语。

添寿 [tʰən³³ɕiau³³]

给老人祝寿时说的祝福语。

有喜得 [hau²¹ɕi³⁵tɯ⁵⁵]

指怀孕。也可以说"有得喜"[hau²¹tɯ⁵⁵ɕi³⁵]。

早生贵子 [tsau³⁵sa³³kua²¹tsɯə³⁵]

婚礼上，宾客常常会用这句话来祝福新人，也会在婚床上摆上红枣、花生、桂圆、莲子，以讨"早生贵子"的口彩。

子孙满堂 [tsɯə³⁵ɕye³³maŋ²¹taŋ⁴²]

过生日、过年的时候，给老人家的祝福语。在给祖先祭拜的时候，也会请祖先保佑家里子孙满堂。

添子添孙 [tʰən³³tsɯə³⁵tʰən³³ɕye³³]

过生日、过年的时候，给老人家的祝福语。在祭拜祖先的时候，也会请祖先保佑家里多子多福。

□发 [pia³³fɔ⁵⁵]

不洁净的事物。

长尾公 [tsiaŋ⁴²mɔ²¹kai³³]

蛇的婉称。江永地区山多蛇多，避讳直接称呼蛇。

大虫 [tɔ³³lai⁴²]

老虎的婉称。江永山多，以前有老虎出没，特别是上山的时候很避讳直接说老虎。

卖⁼胡⁼ [mɔ³³hu⁴²]

不洁净的事物，也可婉指鬼神。

七莫出，八莫入 [tsʰa⁵⁵muɯ²¹ɕya⁵⁵，pɔ⁵⁵muɯ²¹na³³]

做红白喜事要避开农历初七、初八。当地人并不喜欢数字八，而喜欢二、六、九。

寿枋 [ɕiau³³faŋ³³]

婉指棺材。也可以说"千年屋"[tsʰən³³nən⁴²u⁵⁵]、"短货"[laŋ³⁵fu²¹]，少数人说"大料"[tɔ³³li⁵⁵]。

猪口一⁼ [liu³³hau³⁵ᵢ⁵⁵]

婉指猪舌头。当地人不想折本，因此避讳与"折"谐音的"舌"。舌：谐"折"。

盖 [kɯ²¹]

泛指动物发情。

走春 [tsau³⁵tɕʰye³³]

泛指所有的动物发情。

跳栏 [tsʰi²¹la⁴²]

婉指猪、牛、羊、马等关在栏里的动物发情。

过得 [kɯ²¹tɯ⁵⁵]

婉指老人去世。

走得 [tsau³⁵tɯ⁵⁵]

婉指人去世。

来得卖⁼胡⁼ [lɔ⁴²tɯ⁵⁵mɔ³³hu⁴²]

婉指女性来月经。也可以说"做好事"[tsɯ²¹hai³⁵sɯ³³]。

解手 [kɔ³⁵ɕiau³⁵]

婉指上厕所。

水薯 [çya³⁵çiu⁴²]

　　指数字一。此条仍有少数长者说，但来源已很难考证。

夹哥 [kɔ⁵⁵ku³³]

　　指数字二，像手指夹的形状。

马光 [mu²¹kaŋ³³]

　　指数字三。"马"去掉竖着的笔画，变成"三"。

方哥金 [faŋ³³ku³³tçie³³]

　　指数字四，像四的字形，方方正正。

抓哥 [tçyɔ³³ku³³]

　　指数字五，伸出五个手指正好是抓的动作。

土土 [tʰu³⁵tʰu³⁵]

　　指数字六。

黑金用 [huɯ⁵⁵tçie³³iaŋ³³]

　　指数字七，音同"漆" [tsʰa⁵⁵]。

麻哥水 [ma⁴²ku³³çya³⁵]

　　指数字八。此条仍有少数长者说，但来源已很难考证。

贝⁼莫伸 [pa²¹mu²¹çiŋ³³]

　　指数字九，因为九的字形是弯的。

横压直 [va⁴²vɯə⁵⁵tɕi²¹]

指数字十，字形是一横一竖。

白虫 [pɯə³³lai⁴²]

指米，用形状比拟。

金虫救火 [tɕie³³lai⁴²tɕiau²¹fu³⁵]

指煮饭。

入古宅 [na³³ku³⁵tsu³³]

指吃饭。古宅是江永的地名，以前因贫困而出名，当地人最大的心愿是吃饱饭。

牛牯斗 [ŋau⁴²ku³⁵lau²¹]

指吃粥。

盆嘴 [pa⁴²tɕya³⁵]

指鸭。

萝卜片 [lɯ⁴²pɯ³³pʰəŋ²¹]

指银圆。萝卜切片，形状、颜色均与银圆相似。

金生得 [tɕie³³sa³³tɯ⁵⁵]

指水，因为金生水。

疏林子 [su³³lai⁴²tsʅ³⁵]

指诱饵。"疏林子"是"孑孓"的土话词，可作为钓鱼的诱饵。

踩线 [tsʰɔ³⁵səŋ²¹]

指走路。以前的道路大都很窄，所以戏称为"线"。

掫油 [va³⁵iau⁴²]

指向别人学习。"掫"是舀的意思。过去油较珍贵，所以可用来比喻知识、经验等宝贵的东西。

一朒穷，[i⁵⁵lɯ⁴²tɕie⁴²] _{朒：手指纹}

二朒富，[na³³lɯ⁴²fu²¹]

三朒四朒烧酒磨豆腐，[soŋ³³lɯ⁴²sa²¹lɯ⁴²ɕi³³tsiau³⁵mɯ⁴²tau³³fu²¹]

五朒六朒骑白马，[ŋ²¹lɯ⁴²liau³³lɯ⁴²tɕi⁴²pɯə³³mu²¹]

七朒八朒当大官，[tsʰa⁵⁵lɯ⁴²pɔ⁵⁵lɯ⁴²laŋ³³tɔ³³kaŋ³³]

九朒十朒入长箱。[tɕiau³⁵lɯ⁴²sɯə³³lɯ⁴²na³³tsiaŋ⁴²siaŋ³³] _{长箱：棺材，意思是命不长}

　　表示指纹和命运的关系。

食酒适当，[ie³⁵tsiau³⁵ɕye⁵⁵laŋ³³]

胜雪＝鸡汤。[ɕie²¹ɕy⁵⁵tɕi³³tʰaŋ³³] _{雪＝：喝}

食酒过量，[ie³⁵tsiau³⁵ku²¹liaŋ³³]

如食砒霜。[y⁴²ie³³pʰi³³saŋ³³]

　　说明适量饮酒的重要性。

泡鼓辣姜，[pʰiau²¹ku³⁵lɔ³³tɕiaŋ³³] _{泡鼓辣姜：又圆又鼓的辣椒}

辣嘴莫辣心。[lɔ³³tɕya³⁵mɯ²¹lɔ³³sai³³]

中肯话语，[tɕiaŋ³³kʰai³⁵fɯə³³ɲi²¹]

刺耳莫坏事。[tsʰɯə²¹ɲi²¹mɯ²¹fa³⁵sɯə³³]

苦日子当好日子过，[kʰu³⁵na³³tsʅ³⁵laŋ³³hau³⁵na³³tsʅ³⁵ku²¹]

一日比一日乐。[i⁵⁵na³³pa³⁵i⁵⁵na³³lau³³]

食那⸀三风⸀饭，[ie³³nəŋ⁵⁵soŋ³³pai³³paŋ³³] 那⸀：得。风⸀：碗

挑那⸀百斤担。[lɯ³⁵nəŋ⁵⁵pɯə⁵⁵tɕie³³loŋ²¹] 那⸀：得

家中有人老，[kuɯə³³tɕiaŋ³³hau²¹n̦ie³³lau²¹] 人：量词

好像藏粒宝。[hau³⁵tsiaŋ²¹tsaŋ⁴²la³³pau³⁵]

家有好邻，[kuɯə³³hau²¹hau³⁵lai⁴²]

事事昌平。[sɯə³³sɯə³³tɕʰiaŋ³³pioŋ⁴²]

舍唔那⸀嫁女，[ɕye³⁵mu²¹nəŋ⁵⁵kuɔ²¹n̦iu²¹] 那⸀：得

哪觉⸀有老多⸀婆做。[nəŋ³³tɕiau⁵⁵hau²¹lau²¹lɯ³³pu⁴²tsɯ³³] 哪觉⸀：哪里。多⸀婆：外婆

人多冇好餐，[ŋ⁴²lɯ³³mu²¹hai³⁵tsʰaŋ³³] 冇：没有

猪多冇好糠。[liu³³lɯ³³mu²¹hai³⁵haŋ³³]

身正莫恐影牯斜。[ɕie³³tɕioŋ²¹mɯ²¹ɕie³⁵n̦ioŋ³⁵ku³³tsie⁴²] 莫：不用。影牯：影子

心中冇冷病，[sai³³tɕioŋ³³mɔ⁴²lioŋ²¹pioŋ³³] 冇：没有

大胆食西瓜。[tɔ³³loŋ³⁵ie³³si³³kuɯə³³]

平时莫做亏心事，[pioŋ⁴²sɯə⁴²mɯ²¹tsɯ²¹kʰua³³sai³³sɯə³³]

半夜莫恐鬼敲门。[paŋ²¹ye³³mɯ²¹ɕie³⁵kua³⁵kʰau³³mai⁴²]

出门睬天色，[ɕya³⁵mai⁴²lie³³tʰən³³sɯ⁵⁵] 睬：看

进门睬面色。[tsai²¹mai⁴²lie³³mən³³sɯ⁵⁵] 面色：脸色

油多莫坏菜，[iau⁴²lɯ³³mɯ²¹fa³⁵tsʰɔ²¹]

礼多人莫怪。[li²¹lɯ³³ŋ⁴²mɯ²¹kuɔ²¹]

上床萝卜下床姜，[ɕiaŋ³³tsaŋ⁴²lɯ⁴²pɯ³³fuə³³tsaŋ⁴²tɕiaŋ³³] 上床：晚上。下床：早晨

胜食人参大补汤。[ɕie²¹ie³³ie⁴²sai³³tɔ³³pu³⁵tʰaŋ³³]

　　早上吃姜开胃，晚上吃萝卜健脾，都对身体有益处。

春天一日工，[tɕʰye³³tʰəŋ³³i⁵⁵na³³kai³³]

秋后十日粮。[tsʰiau³³hau²¹sɯə³³na³³liaŋ⁴²]

　　表示春天要抓紧农时。

穷人莫□信富人耍。[tɕye⁴²ŋ⁴²mɯ²¹n̠ie⁴²sai²¹fu²¹ŋ⁴²ɕyɔ³³] □[n̠ie⁴²]：要。耍：哄骗

油子开花□地＝下种。[iau⁴²tsɿ³⁵hu³³fuə³³sa⁵⁵ta³³fuə²¹tɕie³⁵] 油子：桐油树。□地＝[sa⁵⁵ta³³]：才

　　桐油树开花时，天气变暖，便可以大胆播种了。

家种千棕，[kuɔ³³tɕiaŋ²¹tsʰəŋ³³tsai³³]

堪称富豪。[kʰaŋ³³tɕʰie³³fu²¹hau⁴²]

家种千桐，[kuɔ³³tɕiaŋ²¹tsʰəŋ³³tai⁴²]

食着莫愁。[ie⁵⁵li⁵⁵mɯ²¹tsau⁴²] 着：穿

养牛种姜，[iaŋ²¹ŋau⁴²tɕiaŋ²¹tɕiaŋ³³]

本利齐昌。[pai³⁵la³³tsi⁴²tɕʰiaŋ³³]

　　养牛和种姜，可以相辅相成，牛粪可以肥姜田，姜叶可以当牛饲料。

种姜养羊，[tɕiaŋ²¹tɕiaŋ³³iaŋ²¹iaŋ⁴²]

本细利长。[pai³⁵si²¹la³³tɕʰiaŋ⁴²] 细：少

　　种姜、养羊，投入少、回报大。

只种莫管，[tsɯə³⁵tɕiaŋ²¹mɯ²¹kaŋ³⁵]

宝＝□金碗。[pau³⁵piau⁴²tɕie³³ŋ³⁵] 宝＝：打。□[piau⁴²]：破

　　种植庄稼，不能只管播种，平时的培育也很重要。

封山莫育林，[fai³³sa³³mɯ²¹y³³lai⁴²]

等于白费种。[lai³⁵y³³puə³³fi²¹tɕie³⁵]

有收冇收在于水，[hau²¹ɕiau³³ma⁴²ɕiau³³tsɔ²¹y³³ɕya³⁵]

多收细收在于肥。[lɯ³³ɕiau³³ɕi³⁵ɕiau³³tsɔ²¹y³³fa⁴²] _{细：少} 细：少

 说明种植农作物时，适当浇水、施肥的重要性。

二月清明莫在前，[na³³n̠ye³³tsʰioŋ³³mioŋ⁴²mɯ²¹tsɔ⁴²tsən⁴²]

三月清明莫在后。[soŋ³³n̠ye³³tsʰoŋ³³mioŋ⁴²mɯ²¹tsɔ⁴²hau²¹]

 如果清明节在农历二月，那播种水稻秧苗不能在清明前；如果清明节在农历三月，则播种不能在清明节之后。

宁插隔夜秧，[lioŋ⁴²tsʰɔ⁵⁵kuuə⁵⁵ye²¹iaŋ³³]

莫插隔夜田。[mɯ²¹tsʰɔ⁵⁵kuuə⁵⁵ye²¹tən⁴²]

 没插完的秧苗可以放到第二天再插，插到一半的稻田不能等到第二天，否则会板结。

立秋后莳田，[la³³tsʰiau³³hau²¹ɕi³³tən⁴²] _{莳田：插秧} 莳田：插秧

谷米缺半边。[ku⁵⁵mi²¹tɕʰy⁵⁵paŋ²¹pən³³] _{谷米：稻谷、玉米等农作物} 谷米：稻谷、玉米等农作物

 如果立秋后插田，时间太晚，收成会不好。

插秧超过一尺行，[tsʰɔ⁵⁵iaŋ³³tɕʰi³³ku²¹tɕʰye⁵⁵ha⁴²]

秋后包你喊爷娘。[tsʰiau³³hau²¹piau³³i²¹ha²¹ye⁴²n̠iaŋ⁴²] _{爷：爸爸} 爷：爸爸

 如果插秧行距太宽，产量就会不太高，因此得合理密植。

薯苗下土三粒＝节，[ɕiu⁴²miau⁴²fuuə²¹tʰu³⁵soŋ³³la³³tsi⁵⁵] _{粒＝：量词} 粒＝：量词

肥足薯大用车拖。[fa⁴²tsiu⁵⁵ɕiu⁴²tɔ³³iaŋ³³tɕʰye³³tʰɯ³³]

 番薯藤为叶互生植物，每个茎节只有一片叶着生，栽苗时，一般在土中埋三个茎节，既保证成活率，也能保证产量。

四月芒种慢慢种，[sa²¹ȵye³³maŋ⁴²tɕiaŋ²¹maŋ³³maŋ³³tɕiaŋ²¹]

五月芒种忙忙种。[ŋ²¹ȵye³³maŋ⁴²tɕiaŋ²¹maŋ⁴²maŋ⁴²tɕiaŋ²¹]

　　如果芒种在农历四月，耕种就不用操之过急；如果芒种在农历五月，就得尽快耕种。

立夏种姜，[lai³³fɯə³³tɕiaŋ²¹tɕiaŋ³³]

夏至取"娘"。[fɯə³³tsɯə²¹tɕʰy³⁵ȵiaŋ⁴²]

　　立夏种姜，夏至可以取原来做种的老姜。

六月莫热，[liau³³ȵye⁵⁵mɯ²¹ni³³]

五谷莫结。[ŋ²¹ku⁵⁵mɯ²¹tɕi⁵⁵]

　　六月如果不热，收成就会不好。

火烧麦子雨宝゠荞。[fu³⁵ɕi³³mu³³tɯə⁰vu²¹pau³⁵tɕi⁴²] 宝゠：打

麻子下地唔秧睐。[mu⁴²tɯ⁰fɯə²¹ta³³mɔ²¹iaŋ³³lie³³] 麻子：芝麻。睐：看

　　收割麦子时，天气炎热。荞麦成熟时，雨水特别多。芝麻种子很小，撒在地上，很难被发现。

元宵糍馃元宵节，[yŋ⁴²si³³tsɔ⁴²ku³⁵yŋ⁴²si³³tsi⁵⁵] 糍：糍粑。馃：由糯米、粳米、糖做成的食品

过哒元宵活莫歇。[ku²¹tɯ⁰yŋ⁴²si³³fɯ³³mɯ²¹ɕi⁵⁵] 哒：了

春天带゠子面，[tɕʰye³³tʰəŋ³³lɔ²¹tsɿ³⁵məŋ³³] 带゠子：孩子

一日有三变。[i⁵⁵na³³hau²¹soŋ³³pəŋ²¹]

　　形容春天天气多变。

三日冇雨莫成春。[soŋ³³na⁴²ma⁴²vu²¹mɯ²¹ɕioŋ⁴²tɕʰye³³]

　　全年降水集中在春天，如果三天不下雨，就不是正常的天气。

春寒雨，[tɕʰye³³haŋ⁴²vu²¹]

冬寒晴。[lai³³haŋ⁴²tsioŋ⁴²]

　　春季一般风和日丽，如果突然变冷，说明可能即将下雨。冬季晴天寒冷很正常，但如果突然变暖，倒有可能下雨。

两春夹一冬，[liaŋ²¹tɕʰye³³kɔ⁵⁵i⁵⁵lai³³]

十个牛楼九个空。[suɯ³³ka²¹ŋau⁴²lau⁴²tɕiau³⁵ka²¹hai³³] 牛楼：牛栏

　　比喻极恶劣的天气。

月亮生毛，[ȵye⁵⁵liaŋ³³sa³³mau⁴²]

大雨暴暴。[tɔ³³vu²¹pau⁴²pau⁴²] 暴暴：接连下

　　表明天象与天气的关系。

有雨天脚亮，[hau²¹vu²¹tʰəŋ³³tɕi⁵⁵liaŋ³³] 天脚亮：乌云在头顶，地上更亮

冇雨天顶光。[mau³³vu²¹tʰəŋ³³lioŋ³⁵kaŋ³³] 天顶光：头顶万里无云

　　表明天象与天气的关系。

雾烟下地，[vu³³iŋ³³fuɯə²¹ta³³] 雾烟：雾

晒曝脑巴。[sɔ²¹piau²¹nai³⁵pa³³] 脑巴：脑袋

　　表明天象与天气的关系。早上如果雾茫茫，当天会很晒。

拐子喊，[kuɔ³⁵tsʅ³⁵ha²¹] 拐子：青蛙

春天来。[tɕʰye³³tʰəŋ³³lɔ⁴²]

　　当地人对青蛙鸣叫与气候关系的总结。

□□狗搬家，[nai³³tɯ³³kau³⁵paŋ³³kuɯə³³] □□狗 [nai³³tɯ³³kau³⁵]：蚂蚁

大雨到。[tɔ³³vu²¹lau²¹]

　　当地人对蚂蚁搬家与天气关系的总结。

大蛇横路天将雨。[tɔ³³ɕye⁴²va⁴²lu³³tʰəŋ³³tsiaŋ³³vu²¹]

　　当地人对蛇的行迹与天气关系的总结。

燕子低飞雨来到，[iŋ²¹tsʅ³⁵li³³pʰɔ³³vu²¹lau²¹lɔ⁴²]

燕子高飞晴天来。[iŋ²¹tsʅ³⁵kau³³pʰɔ³³tsioŋ⁴²tʰəŋ³³lau²¹]

　　当地人对燕子行迹与天气关系的总结。

狗食水，天降雨。[kau³⁵ie³³ɕya⁵⁵, tʰəŋ³³tɕiaŋ²¹vu²¹]

　　狗不断喝水，说明天气闷热，即将下雨。

鸡晒胁□，[tɕi³³sɔ²¹ɕi⁵⁵kʰa³³] 胁□[ɕi⁵⁵kʰa³³]: 翅膀

天降雨。[tʰəŋ³³tɕiaŋ²¹vu²¹]

鸡仔上架早，[tɕi³³tsɿ³⁵ɕiaŋ²¹kɯɯə²¹tsau³⁵] 上架: 鸡回窝，鸡窝一般设在高处

天光天气好。[tʰəŋ³³kaŋ³³tʰəŋ³³tɕʰi²¹hai³⁵] 天光: 明天

　　如果鸡回窝早，第二天的天气就会好。

日头出早莫成天。[ni³³tau⁴²ɕya⁵⁵tsau³⁵mɯ²¹ɕioŋ⁴²tʰəŋ³³]

　　即便早上出太阳，也不一定代表一整天会是晴天。

鱼向上面游，[ŋu⁴²ɕiaŋ²¹ɕiaŋ³³məŋ³³iau⁴²]

大雨矮＝后头。[tɔ³³vu²¹ɔ³⁵hau²¹tau⁴²] 矮＝: 在

　　当地人对鱼的行迹与天气关系的总结。

落雨落那＝早，[lɯ³³vu²¹lɯ³³nəŋ⁵⁵tsau³⁵] 那＝: 得

可以上山去割草。[kʰau³⁵i²¹ɕiaŋ²¹sa³³hɯ²¹kɯ⁵⁵tsʰau³⁵]

　　早上下雨，一般不会太久，不会耽误割草。

落雨落那＝挨＝，[lɯ³³vu²¹lɯ³³nəŋ⁵⁵ŋɔ⁴²] 挨＝: 晚

只能在家织草鞋。[tsɿ³⁵nəŋ³⁵tsɔ²¹kɯɯə²¹tɕi⁵⁵tsʰau³⁵hɔ⁴²]

半夜雷公喊，[paŋ²¹ye³³lie⁴²kai³³ha²¹]

毛风细雨来。[mau⁴²pai³³si²¹vu²¹lɔ⁴²]

　　当地人对气象的观察。

云走东，[ye⁴²tsau⁴²lai³³] 云走东: 刮西风

一场空；[i⁵⁵tɕiaŋ⁴²hai³³]

云走西，[ye⁴²tsau⁴²ɕi³³] 云走西：刮东风

雨凄凄。[vu²¹tsʰi³³tsʰi³³]

　　刮西风时不会下雨，刮东风时会下雨。

惊蛰莫动风，[tɕioŋ³³tɕi³³muɯ²¹tai²¹pai³³] 动风：刮风

寒到五月份。[haŋ⁴²lau³⁵ŋ²¹n̠i³³fai³³] 寒：冷

　　如果惊蛰没有刮风，寒冷的天气就会持续很久。

治山治水莫栽树，[tsɯə²¹saŋ³³tsɯə²¹ɕya⁵⁵muɯ²¹tsie²¹ɕiu³³]

有土有水保莫住。[hau²¹tʰu²¹hau²¹ɕya⁵⁵pau³⁵muɯ²¹tsiu³³]

种下树姆精心管，[tɕie²¹fuɯ²¹ɕiu³³mən⁰tsioŋ³³sai³³kaŋ³⁵] 姆：词缀，无实义

胜过银行存现款。[ɕie²¹kuɯə²¹n̠ie⁴²hai⁴²tɕye⁴²ɕiŋ³³kʰai³⁵]

　　说明植树造林的重要性。

禾好睐秧，[vu⁴²hau³⁵lie³³iaŋ³³] 睐：看

女好睐娘。[n̠iu²¹hau³⁵lie³³n̠iaŋ⁴²]

　　表示基因遗传的重要性。

禾恐午时风，[vu⁴²ɕie³⁵ŋu²¹sɯə⁴²pai³³]

人恐老来穷。[ŋ⁴²ɕie³⁵lau²¹lɔ⁴²tɕie⁴²]

女莫离娘女莫贵，[n̠iu²¹muɯ²¹la⁴²n̠iaŋ⁴²n̠iu²¹muɯ²¹kua²¹]

火莫烧山地莫肥。[fu³⁵muɯ²¹ɕi³³sa³³ta³³muɯ²¹fa⁴²]

狗允⁼老虎嘴夹——莫想要命哒 [kau³⁵ye²¹lau²¹hu³⁵tɕiu²¹kɔ⁵⁵— muɯ²¹ɕiaŋ³⁵n̠ie³³mioŋ⁴²tuɯ⁵⁵] 允⁼：舔。

　　嘴夹：嘴巴

狗抓癞母鸡姆——鸡飞丸宝⁼[kau³⁵tɕya³³lɔ³³pu³³tɕi³³mən⁰— tɕi³³pʰɔ³³yŋ⁴²pau³⁵] 癞母鸡姆：自己不生蛋却占着

　　鸡窝孵蛋的母鸡。丸：蛋。宝⁼：打

老虎借猪——有借冇赔 [lau²¹hu³⁵tsie²¹liu³³— hau²¹tsie²¹ma⁴²pɯ⁴²] 赔：还

满姑娘咳嗽——冇痰 [maŋ³³ku³³n̠iaŋ⁴²kʰai⁵⁵sau²¹— ma⁴²toŋ⁴²] 满：最小的

六十岁养满崽——得莫到力 [lɯ⁴²sɯə³³ɕy²¹iaŋ²¹maŋ²¹tsɿ³⁵— lɯ⁵⁵mɯ²¹lau³⁵li³³] 满：最小的

瑶人走山路——平个 [i⁴²ŋ⁴²tsau³⁵sɔ³³lu³³— pioŋ⁴²kɯ⁰] 个：的

瑶山人个亲戚——对门 [i⁴²sa³³ŋ⁴²kɯ⁰tsʰai³³tsʰi⁵⁵— lie²¹mai⁴²]

半夜食黄瓜——摸头莫知尾 [paŋ²¹ye²¹ie³³haŋ⁴²kɯɯə³³— maŋ³³tau⁴²mɯ²¹la³³mɔ²¹]

眼牯食汤圆——心中有数 [ŋa³⁵ku³⁵ie³³tʰaŋ³³yŋ⁴²— sai³³tsaŋ³³hau²¹su²¹] 眼牯：瞎子

一字写来八粒头，[i⁵⁵tsɯə³³sie³⁵lɔ³³pɔ⁵⁵la⁵⁵tau⁴²] 粒：个
千人望见万人愁，[tsʰən³³ie⁴²vaŋ⁴²tɕiŋ²¹va³³ie⁴²tsau⁴²]
千人万人问孔子，[tsʰən³³ie⁴²va³³ie⁴²mai⁴²kʰaŋ³⁵tsɿ³⁵]
孔子讲来也摇头。——"井"字 [kʰaŋ³⁵tsɿ³⁵tɕiaŋ³⁵lɔ⁴²iu³³ʔi⁴²tau⁴²— tsioŋ³⁵tsɯə³³]

　　本条及以下为谜语。

一点顶上天，[i⁵⁵nən³⁵lioŋ³⁵ɕiaŋ³³tʰən³³]
乌云盖两边，[vu³³ye⁴²kɯ²¹liaŋ²¹pən³³]
好人红花女，[hau²¹n̠ie³³hai⁴²fɯə³³n̠iu²¹] 人：量词
一世莫见天。——"安"字 [i⁵⁵ɕi²¹mɯ²¹tɕiŋ²¹tʰən³³— ŋ³³tsɯə³³]

一字九横六直，[i⁵⁵tsɯə³³tɕiau³⁵va²¹lɯ⁴²tɕi³³]
天下通人莫知，[tʰən³³fɯə²¹tʰaŋ³³ŋ⁴²mɯ²¹la³³]
颜渊借问孔子，[ŋa⁴²yŋ³³tɕie²¹mai⁴²kʰaŋ³⁵tsɿ³⁵]
孔子想了三日。——"晶"字 [kʰaŋ³⁵tsɿ³⁵ɕiaŋ³⁵lɯ⁴²soŋ³³na⁵⁵— tsioŋ³³tsɯə³³]

两人力大莫出头，[liaŋ²¹n̠ie³³li³³tɔ³³muɯ²¹ɕya⁵⁵tau⁴²]

丁字脚下一绣球，[lioŋ³³tsɯə³³tɕi⁵⁵fuɯə²¹i⁵⁵ɕiau²¹tɕiau⁴²]

一人□球门口踩，[i⁵⁵n̠ie³³pai³³tɕiau⁴²mai⁴²hau²¹tsʰai³⁵] □ [pai³³]：把

橘子树上结石榴。——天下太平 [tɕye⁵⁵tsɿ³⁵ɕiu³³ɕiaŋ³³tɕi⁵⁵ɕye³³liau⁴²— tʰəŋ³³fuɯə²¹tʰɔ³³pioŋ⁴²]

衣字旁边一口田，[ɔ³³tsɯə³³paŋ⁴²pəŋ⁴²i⁵⁵hau³⁵təŋ⁴²]

女子有嘴难开言，[n̠iu²¹tsɿ³³hau²¹tɕya³⁵na⁴²huɯ³³iŋ⁴²]

木田书字穿心过，[mu³³təŋ⁴²ɕiu³³tsɯə³³tɕʰyŋ³³sai³³ku²¹]

三子跪在娘面前。——福如东海 [soŋ³³tsɿ³⁵kua²¹tsai²¹n̠iaŋ⁴²məŋ³³tsəŋ⁴²— fu⁵⁵y⁴²lai³³huɯ³⁵]

两人姊妹一样红，[liaŋ³⁵n̠ie³³tsa³⁵məŋ³³i⁵⁵iaŋ³³hai⁴²] 人：量词

一人西来一人东。[i⁵⁵n̠ie³³ɕi³³lɔ⁴²i⁵⁵n̠ie³³lai³³]

长短阔狭是一样，[tsiaŋ⁴²laŋ³⁵fuɯə³³ɔ³³sɯə²¹i⁵⁵iaŋ³³]

各人语言莫相同。——句 [kʰau⁵⁵ie⁴²y²¹iŋ⁴²muɯ²¹ɕiaŋ³³taŋ⁴²— tɕiu²¹] 句：对联

青石板，[tsʰioŋ³³ɕye³³pa³⁵]

板石青，[pa³⁵ɕye³³tsʰioŋ³³]

青石板上钉铜钉。——秤星 [tsʰioŋ³³ɕye³³pa³⁵ɕiaŋ³³lioŋ²¹tai⁴²lioŋ³³— tɕʰie²¹ɕioŋ³³]

去时路路通，[huɯ²¹sɯə⁴²lu³³lu³³tʰaŋ³³]

归时路莫通。[kua³³sɯə⁴²lu³³muɯ²¹tʰaŋ³³]

前生命莫好，[tsəŋ⁴²sa³³mioŋ⁴²muɯ²¹hau³⁵]

死入竹园中。——算盘 [sa³⁵na³³liau⁴²yŋ³³tɕiaŋ³³— saŋ²¹paŋ⁴²]

千股圳，[tsʰən³³kuɯ³⁵tɕye²¹]

百股圳，[puɯə⁵⁵kuɯ³⁵tɕye²¹]

又莫薅草又莫种。——瓦片 [iu³³muɯ²¹hau³³tsʰau³⁵iu³³muɯ²¹tɕie²¹— ŋu²¹pʰəŋ²¹]

千架枧，[tsʰən³³kuɯə³³tɕie³⁵]

百架枧，[pɯə⁵⁵kuɯə³³tɕie³⁵]

风吹架架闪。——粽叶 [pai³³tɕʰya³³kuɯə³³kuɯə³³ɕie³⁵— tsai³³i³³]

在家清清秀秀，[tsɔ⁴²kuɯə³³tsʰioŋ³³tsʰioŋ³³siau²¹siau²¹]

出门黄面弄臭，[ɕya⁵⁵mai⁴²haŋ⁴²mən³³lai³³tɕʰiau²¹]

十人提起眼泪双流。——竹篙 [sɯə³³ȵie³³ti⁴²ɕi³⁵ŋa²¹la³³saŋ³³liau⁴²— liau⁵⁵kau⁵⁵]

你望我，[i³³vaŋ⁴²ŋ²¹]

我望你，[ŋ²¹vaŋ⁴²i³³]

望□望□套起你。——扣子 [vaŋ⁴²lɔ⁵⁵vaŋ⁴²lɔ⁵⁵tʰau²¹ɕi²¹i²¹— kʰau²¹tsɿ³⁵] □[lɔ⁵⁵]：下

同胞兄弟莫同娘，[taŋ⁴²piau³³ɕiaŋ⁴²ti²¹mɯ²¹taŋ⁴²ȵiaŋ⁴²]

万贯家财莫交粮。[va³³kaŋ²¹kuɯə³³tsɔ⁴²mɯ²¹tɕiau³³liaŋ⁴²]

千里做官去莫远，[tsʰən³³la⁴²tsau²¹kaŋ³³hɯ²¹mɯ²¹yŋ²¹]

上好夫妻莫同床。——唱戏 [ɕiaŋ³³hau³⁵fu³³tsʰi³³mɯ²¹taŋ⁴²tsaŋ⁴²— tɕʰiaŋ²¹ɕi²¹]

大雨淋身身莫湿，[tɔ³³vu²¹lai⁴²ɕie³³ɕie³³mɯ²¹sɯə⁵⁵]

身行千里脚莫行。[ɕie³³ha⁴²tsʰən³³la²¹tɕi⁵⁵mɯ²¹ha⁴²]

得哒钱财空欢喜，[lɯ⁵⁵tɯ⁰tsən⁴²tsɔ⁴²hai³³haŋ³³ɕi³⁵] 得哒：得了

嘴夹食饭腹中空。——做梦 [tɕiu²¹kɔ⁵⁵ie³³paŋ³³pu⁵⁵tɕiaŋ³³kʰai³³— tsɔ²¹maŋ³³] 嘴夹：嘴巴

言对青山莫见青，[ȵie⁴²lie²¹tsʰioŋ³³sa³³mɯ²¹tɕiŋ²¹tsʰioŋ³³]

二人土上讲分明，[liaŋ²¹ȵie³³tʰu³⁵ɕiaŋ³³tɕiaŋ³⁵fai³³mioŋ⁴²]

三人第〓牛牛冇角，[soŋ³³ȵie³³ti³³ŋau⁴²ŋau⁴²ma³³tɕiau⁴²] 第〓：寻

草木力〓亮〓有一人。——请坐奉茶 [tsʰau³⁵mu⁵⁵li³³liaŋ³³hau²¹i⁵⁵ȵie³³— tsʰioŋ³⁵tsu²¹fən²¹

tsu⁴²] 力〓亮〓：中央

红鸡公，[hai⁴²tɕi³³kai³³]

尾飞飞，[mɔ²¹pʰɔ³³pʰɔ³³] 尾飞飞：尾巴蓬松的样子

飞上园墙啄干葱，[pʰɔ³³ɕiaŋ²¹yŋ⁴²tsaŋ⁴²tɕyɔ⁵⁵kaŋ³³tsʰai³³]

啄起干葱种韭菜，[tɕyɔ⁵⁵ɕi³⁵kaŋ³³tsʰai³³tɕie²¹tɕiau³⁵tsʰɔ²¹]

种起韭菜满园香。[tɕie³⁵ɕi⁴²tɕiau³⁵tsʰɔ²¹maŋ²¹yŋ⁴²ɕiaŋ³³]

　　童谣。

呆呆掌，[tai³³tai³³tɕiaŋ³⁵]

呆闻钱，[tai³³mai³³tsən⁴²]

买了油糍食过年，[mɔ²¹la⁰iau⁴²tsɔ⁴²ie³³ku²¹nən⁴²] 油糍：糍粑

食莫追＝，[ie³³mɯ²¹tɕya³³] 追＝：完

买丘田，[mɔ²¹tɕʰiau³³tən⁴²]

丘田地，[tɕʰiau³³tən⁴²ta³³]

买雕刀，[mɔ²¹li³³la³³] 雕刀：做木工的用具

雕刀莫利茅刀利。[li³³la³³mɯ²¹la³³miau⁴²lai³³la³³]

割死姨婆三子巴，[kɯ⁵⁵sa³⁵i⁴²pu⁴²soŋ³³tsɿ³⁵pa³³]

幼子归来锄生地，[iau²¹tsɿ³⁵kua³³lɔ⁴²tsu⁴²sa³³ta³³]

幼女归来揩眼泪，[iau²¹ȵiu²¹kua³³lɔ⁴²kʰɔ³³ŋa²¹la³³]

锄粒银，[tsu⁴²la⁵⁵ȵie⁴²] 粒：个

偷入柜，[tʰau³³na³³kua³³]

猫公含得去，[ȵiau³³kai³³haŋ⁴²tɯ⁵⁵hɯ²¹]

刮了臭鼻。[kuɔ⁵⁵lɔ⁰tɕʰiau²¹pa³³]

　　童谣《拍掌歌》。

月亮光，[ȵye⁵⁵liaŋ⁴²kaŋ³³]

贼偷秧，[tsɯ³³tʰau³³iaŋ³³]

偷得一斗二升缸，[tʰau³³tɯ⁵⁵i⁵⁵lau³⁵na³³ɕie³³kaŋ³³]

你拜拜我拜拜，[i²¹pɔ²¹pɔ²¹ŋ²¹pɔ²¹pɔ²¹]

拜老三年没鸡觉，[pɔ²¹lau²¹soŋ³³nən⁴²mɔ⁴²tɕi³³tɕyɔ²¹]

鸡觉好，[tɕi³³tɕyɔ²¹hai³⁵]

奈莫何，[nɔ³³mɯ²¹fu⁴²]

女子送多⁼婆。[ȵiu²¹tsɿ³⁵sai²¹lɯ³³pu⁴²] 多⁼婆：外婆

多⁼婆回家煮熟饭，[lɯ³³pu⁴²fɯ²¹kuɔ³³tɕiu³⁵ɕiau³³paŋ³³]

煮得一斗二升缸。[tɕiu³⁵tɯ⁵⁵i⁵⁵lau³⁵na³³ɕie³³kaŋ³³]

门湾牯有头跛脚鼠，[mai⁴²va³³ku³⁵hau²¹tau⁴²pɔ³³tɕi³⁵ɕiu³⁵]

咬起多⁼婆足后股。[iau²¹ɕi³⁵lɯ³³pu⁴²tsiu⁵⁵ɕie²¹ku³⁵] 足后股：脚后跟

  以"月亮光"起兴的童谣。

天皇皇，[tʰən³³haŋ⁴²haŋ⁴²]

地皇皇，[ta³³haŋ⁴²haŋ⁴²]

我家有人夜哭郎。[ŋ²¹kuɯə³³hau²¹ȵie³³ye³³hu⁵⁵laŋ⁴²] 人：量词

过路君子念三遍，[ku²¹lu³³tɕye³³tsɿ³⁵lən³³soŋ³³pən²¹]

一觉困到大天光。[i⁵⁵tɕiau⁵⁵fai²¹lau²¹tɔ³³tʰəŋ³³kaŋ³³] 困：睡

天皇皇，[tʰən³³haŋ⁴²haŋ⁴²]

地皇皇，[ta³³haŋ⁴²haŋ⁴²]

我家有人哭赖娘。[ŋ²¹kuɯə³³hau²¹ȵie³³hu⁵⁵lɔ³³ȵiaŋ⁴²]

过路君子念三遍，[ku²¹lu³³tɕye³³tsɿ³⁵lən³³soŋ³³pən²¹]

一觉困到大天光。[i⁵⁵tɕiau⁵⁵fai²¹lau²¹tɔ³³tʰəŋ³³kaŋ³³] 困：睡

  童谣。小孩夜哭不止的时候，家人会将这首童谣写在红纸上，贴在路边，让路人念。按民间说法，此法可达到治疗小孩夜哭症的效果。

□一□，[n̠iau⁴²n̠i⁵⁵n̠iau⁴²] □[n̠iau⁴²]：摇晃并发出声音的状态

□上高山矮岭头。[n̠iau⁴²ɕiaŋ²¹kau³³sa³³ŋɔ³⁵lioŋ³⁵tau⁴²] □[n̠iau⁴²]：摇晃并发出声音的状态

哥哥□曰接幺妹，[ku³³ku³³ai²¹vɯə³³tsi⁵⁵iau²¹məŋ³³] □[ai²¹]：答应。幺妹：妹妹

幺妹低低望日头，[iau²¹məŋ³³li³³li³³va³³n̠i³³tau⁴²]

望起日头眼泪出。[vaŋ³³ɕi³⁵n̠i³³tou⁴²ŋa²¹la³³ɕya⁵⁵]

往〝你去归三两日。[va²¹i²¹hu²¹kua³³soŋ³³liaŋ²¹na⁵⁵] 往〝：让。归：回家

三日两日做具鞋，[soŋ³³na⁵⁵liaŋ²¹na⁵⁵tsɯ²¹tɕiu³³hɔ⁴²] 具：双

喊你哥哥送家来。[ha²¹i²¹ku³³ku³³sai²¹ka³³lɔ⁴²] "家"变韵

送到桥头狗子吠，[sa²¹lau²¹tɕi⁴²tau⁴²kau³⁵tsɿ³⁵pɔ³³]

送到屋根鸡子啼。[sa²¹lai²¹vu⁵⁵ka³³tɕi³³tsɿ³⁵ti⁴²] 屋根：屋旁

狗子吠来上半夜，[kau³⁵tsɿ³⁵pɔ³³lɔ⁴²ɕiaŋ³³paŋ²¹ye²¹]

鸡子啼来大天光。[tɕi³³tsɿ³⁵ti⁴²lɔ⁴²tɔ³³tʰəŋ³³kaŋ³³]

　　民歌。

一岁女手上珠，[i⁵⁵ɕy²¹n̠iu²¹ɕiau³⁵ɕiaŋ³³tɕiu³³] 手上珠：掌上明珠，即被家人珍视

两岁女裙足玉，[liaŋ²¹ɕy²¹n̠iu²¹tɕye⁴²tsi⁵⁵n̠iu³³] 裙足玉：裙边的玉，也指宝贵

三岁学行学走路，[soŋ³³ɕy²¹ɕiau³³ha⁴²ɕiau³³tsau³⁵lu³³]

四岁提勾入菜园，[sa²¹ɕy²¹ti⁴²kau³³nai³³tsɔ²¹yŋ⁴²] 提勾：篮子

五岁密〝婆摘枕〝叶，[ŋ²¹ɕy²¹mi⁵⁵pu⁴²tsu⁴²tɕie³⁵i³³] 密〝：和。枕〝：厚

六岁烧火替爷娘，[liau³³ɕy²¹ɕi³³fu³⁵tʰi³³ye⁴²n̠iaŋ⁴²]

七岁上车纺细纱，[tsʰa⁵⁵ɕy²¹ɕiaŋ³³tɕʰye³³pʰaŋ³⁵si²¹su³³]

八岁离〝乡〝积细匝，[pɔ⁵⁵ɕy²¹la⁴²ɕiaŋ³³tsie⁵⁵si²¹tsa³³] 离〝乡〝：纺织工具。细匝：纱钿

九岁裁衣又裁剪，[tɕiau³⁵ɕy²¹tsɔ⁴²ɔ³³iu³³tsɔ⁴²tsəŋ³⁵]

十岁□针莫问人，[sɯə³³ɕy²¹iu⁴²tɕie³³mɯ²¹mai³³ie⁴²] □[iu⁴²]：拿

十一织篱〝又织海〝。[ɕi³³i⁵⁵tsi⁵⁵la⁴²iu³³tsi⁵⁵hɯ³³] 篱〝、海〝：都是某种织物

十二抛纱赛过人，[ɕi³³na³³pʰiau³³su³³ɕɔ²¹ku²¹ie⁴²]

十三梳粒头顶掛，[ɕi³³soŋ³³su³³la⁵⁵tau⁴²lioŋ³⁵kuɔ³³] 头顶掛：一种发型

十四梳粒紧衣云，[ɕi³³sa²¹su³³la⁵⁵tɕie³⁵ɔ³³ye⁴²] 紧衣云：一种发型

十五正当爷个女，[ɕi³³ŋ²¹tɕioŋ²¹laŋ³³ye⁴²kɯ⁰n̠iu²¹] 个：的

十六媒人拨莫开，[ɕi³³liau³³mən⁴²ie⁵⁵pu⁵⁵mu²¹hu³³]

十七接起郎茶许，[ɕi³³tsʰa⁵⁵tsi⁵⁵ɕi³⁵laŋ⁴²tsu⁴²ɕiu³⁵]

十八喊爷办嫁妆，[ɕi³³pɔ⁵⁵ha²¹ye⁴²pa³³kɯə²¹tsaŋ³³]

十九隔台篓妇位，[ɕi³³na³³kɯɯə⁵⁵ta⁴²tsaŋ³³fu²¹va³³]

二十上厅层谢爷，[na³³sɯə³³ɕiaŋ³³tsʰioŋ³³tsai⁴²tsie³³ye⁴²] 层谢：感谢

层谢娘爷养大女，[tsai⁴²tsie³³n̠iaŋ⁴²ye⁴²iaŋ²¹tɔ³³n̠iu²¹]

层谢公嬷引大孙。[tsai⁴²tsie³³kai³³mɔ³⁵ie²¹tɔ³³ɕye³³] 公嬷：父母

　　民歌《二十岁歌》。

正月雷公汪汪，[tɕioŋ³³n̠ye³³lie⁴²kai³³vaŋ³³vaŋ³³]

二月锄田种姜，[na³³n̠ye³³tsu⁴²təŋ⁴²tɕie²¹tɕiaŋ³³]

三月清明下谷种，[soŋ³³n̠ye³³tsʰioŋ³³mioŋ⁴²fɯə²¹ku⁵⁵tɕie³⁵]

四月莳田又薅秧，[sa²¹n̠ye³³sɯə⁴²təŋ⁴²iu³³hau³³iaŋ³³]

五月划船锣鼓响，[ŋ²¹n̠ye³³pɯə⁴²ɕyŋ⁴²lu³⁵ku³⁵ɕiaŋ³⁵]

六月捉鳅来熬汤，[liau³³n̠ye³³tsu⁵⁵ka⁴²lɔ⁴²pau³³tʰaŋ³³]

七月桃骨喷喷香，[tsʰa⁵⁵n̠ye³³tɯ⁴²ka⁴²pʰai³³pʰai³³ɕiaŋ³³]

八月月亮透夜光，[pɔ⁵⁵n̠ye³³n̠ye³³liaŋ⁴²tʰau²¹ye²¹kaŋ³³]

九月重阳日好过，[tɕiau³⁵n̠ye³³tsiaŋ⁴²iaŋ⁴²na³³hai³⁵ku²¹]

十月收谷堆满仓，[sɯə³³n̠ye³³ɕiau³³ku⁵⁵lie³³maŋ²¹tsʰaŋ³³]

十一月讨亲又嫁女，[sɯə³³i⁵⁵n̠ye³³tʰau³⁵tsʰai³³iu³³kɯə³³n̠iu²¹]

十二月年酒喷喷香。[sɯə³³na³³n̠ye³³nəŋ⁴²tsiau³⁵pʰai³³pʰai³³ɕiaŋ³³]

　　民歌《十二月歌》。

脚踩黄泥跌一跤，[tɕi⁵⁵tsʰɔ³⁵haŋ³⁵n̠i⁴²tai³³i⁵⁵kau³³]

爷娘叉〞我迟归屋，[ye⁴²n̠iaŋ⁴²tsʰu³³ŋ²¹tai⁵⁵kua³³vu⁵⁵] 叉〞：骂

生樵难砍又难烧。[sa³³tsi⁴²na⁴²kʰaŋ⁵⁵iu³³na⁴²ɕi³³]

上山砍樵步步高，[ɕiaŋ³³sa³³kʰaŋ⁵⁵tsi⁴²pu³³pu³³kau³³]

莫见好樵莫开刀。[muɯ²¹tɕiŋ²¹hai³⁵tsi⁴²muɯ²¹huɯ³³lai³³]

一见好樵心欢喜，[i⁵⁵tɕiŋ²¹hai³⁵tsi⁴²sai³³haŋ³³ɕi³⁵]

好樵好砍又好烧。[hai³⁵tsi⁴²hai³⁵kʰaŋ⁵⁵iu³³hai³⁵ɕi³³]

四月莳田行对行，[sa²¹n̠ye³³suɯə³³təŋ⁴²haŋ⁴²lie²¹haŋ⁴²]

莳哒大行莳细行，[suɯə³³tuɯ⁰tɔ³³haŋ⁴²suɯə³³si²¹haŋ⁴²] 哒：了

莳离＝月亮配星星，[suɯə³³la⁴²n̠ye³³liaŋ³³pʰuɯ²¹sioŋ³³sioŋ³³] 离＝：了

莳人细妹配情郎。[suɯə³³n̠ie³³si²¹məŋ³³pʰuɯ²¹tsioŋ⁴²laŋ⁴²] 人：量词。细妹：对年轻女性的称呼

四月莳田在田中，[sa²¹n̠ye³³ɕi³³təŋ⁴²tsɔ²¹təŋ⁴²tɕiaŋ³³]

哥一路来，[ku³³i⁵⁵luɯ³³lɔ⁴²]

妹一路来，[məŋ³³i⁵⁵luɯ³³lɔ⁴²]

莳来莳去又相连。[ɕi³³lɔ⁴²ɕi³³huɯ²¹iu³³ɕiaŋ³³ləŋ⁴²]

种田要种路边田，[tɕiaŋ³³təŋ⁴²n̠ie³³tɕiaŋ²¹luɯ³³pəŋ³³təŋ⁴²]

种兜甘蔗种兜莲，[tɕiaŋ³³lau³³kaŋ³³tɕye²¹tɕiaŋ³³lau³³ləŋ⁴²]

情妹密＝哥一般高，[tsioŋ⁴²məŋ³³mi⁵⁵ku³³i⁵⁵paŋ³³kau³³] 密＝：和

甘蔗密＝莲一般甜。[kaŋ³³tɕye²¹mi⁵⁵ləŋ⁴²i⁵⁵paŋ³³təŋ⁴²] 密＝：和

送妹送到甘蔗田，[sai³³məŋ³³sai³³lau²¹kaŋ³³tɕye²¹təŋ⁴²]

掰枚＝甘蔗妹先尝，[pa³⁵məŋ⁴²kaŋ³³tɕye²¹məŋ³³səŋ³³ɕiaŋ⁴²] 枚＝：节

甘蔗甜头唔甜尾，[kaŋ³³tɕye²¹təŋ⁴²tau⁴²mɔ²¹təŋ⁴²mɔ²¹]

细妹嘴甜心又甜。[si²¹məŋ³³tɕya³⁵təŋ⁴²sai³³iu³³təŋ⁴²]

送妹送到大街边，[sai³³məŋ³³sai³³lau²¹tɔ³³kɔ³³pəŋ⁴²]

来到大街见晴天，[lɔ⁴²lau²¹tɔ³³kɔ³³tɕiŋ³³tsioŋ⁴²tʰəŋ³³]

只望晴天落大雨，[tsuɯə³⁵uaŋ³³tsioŋ⁴²tʰəŋ³³luɯ³³tɔ³³vu²¹]

好留情妹宿两日。[hai³⁵liau⁴²tsioŋ⁴²məŋ³³siau³³iaŋ²¹na³³]

八月十五是中秋，[pɔ⁵⁵n̠ye³³ɕi³³ŋ²¹suɯə²¹tɕiaŋ³³tsʰiau³³]

雁鸟离伴空中游，[ŋa⁴²li³⁵la⁴²paŋ²¹kʰaŋ³³tɕiaŋ³³iau⁴²]

雁鸟离伴声声喊，[ŋa⁴²li³⁵la⁴²paŋ²¹ɕioŋ³³ɕioŋ³³ha²¹]

妹妹离郎日日愁。[mən³³mən³³la⁴²laŋ⁴²na³³na³³tsau⁴²]

为水来堵□个坝，[va³³ɕya⁵⁵lɔ⁴²tu²¹a⁵⁵kɯɯə³⁵pɔ³³] □[a⁵⁵]：这

为鱼来闹□个河，[va³³ŋu⁴²lɔ⁴²tai³³a⁵⁵kɯɯə³⁵hɔ³³] □[a⁵⁵]：这

为情才走□个路，[va³³tsioŋ⁴²sa⁴²tsau³⁵a⁵⁵kɯɯə³⁵lu³³] □[a⁵⁵]：这

为妹才唱□头歌。[va³³mən³³sa⁴²tɕʰiaŋ²¹a⁵⁵tau⁴²ku³³] □[a⁵⁵]：这

　　民歌《上山砍樵步步高》。过去，砍柴劳作之余，当地青年男女常唱这首歌来消除疲劳，联络感情。

一张台子四四方，[i⁵⁵tɕye³³tɔ⁴²tsɿ³⁵sa²¹sa²¹faŋ³³]

一粒猪脑摆力″亮″，[i⁵⁵la⁵⁵liu³³nau³⁵pɔ³⁵li³³liaŋ³³] 粒：个。猪脑：土话是 nai35，这里有音变。力″亮″：中央

两边坐起唱歌女，[liaŋ²¹pəŋ³³tsɯ²¹ɕi³⁵tɕʰiaŋ²¹ku³³n̠iu²¹]

力″亮″坐起媳妇娘。[li³³liaŋ³³tsɯ²¹ɕi³⁵sɯə²¹pɯə³³n̠iaŋ⁴²] 力″亮″：中央；妇娘：新娘

媳妇娘呀媳妇娘，[sɯə²¹pɯə³³n̠iaŋ⁴²a²¹sɯə²¹pɯə³³n̠iaŋ⁴²]

还莫开声哭我娘，[ha⁴²mɯ²¹hɯ³³ɕioŋ³³hu⁵⁵aŋ³⁵n̠iaŋ⁴²] 娘：唱歌时有些字音并非土话音，潇浦、上江圩统一字音

哭哒爷娘哭姊妹，[hu⁵⁵tɯ⁰ye⁴²n̠iaŋ⁴²hu⁵⁵tsa³⁵mən³³]

哭哒姊妹坐歌堂，[hu⁵⁵tɯ⁰tsa³⁵mən³³tsɯ²¹ku³³taŋ⁴²]

坐起歌堂慢慢唱，[tsɯ²¹ɕi³⁵ku³³taŋ⁴²mɔ³³mɔ³³tɕʰiaŋ²¹] 慢慢：土话音为 ma33ma33

一唱唱到大天光。[i⁵⁵tɕʰiaŋ²¹tɕʰiaŋ²¹lai²¹tɔ³³tʰəŋ³³kaŋ³³]

送姊送到藕叶塘，[sai²¹tsa³⁵sai²¹lau²¹ŋau²¹i³³taŋ⁴²]

摘叶藕叶包砂糖，[tsu⁵⁵i³³ŋau²¹i³³piau³³su³³taŋ⁴²]

砂糖好食路途远，[su³³taŋ⁴²hau⁵⁵ie³³lu³³tu⁴²yŋ²¹]

姊妹好要路途长。[tsa³⁵mən³³hau³⁵n̠ie³³lu³³tu⁴²tsiaŋ⁴²]

　　民歌。婚礼前坐歌堂时唱。

一更愁，[i⁵⁵ka³³tsau⁴²]

一本庚书□台头，[i⁵⁵pai³⁵ka³³ɕiu³³tʰau⁴²tɔ⁴²tau⁴²] □ [tʰau⁴²]：放

句句写起要分离，[tɕiu²¹tɕiu²¹sie³⁵ɕi³⁵n̠ie³³pai³³la⁴²]

字字为女添新愁。[tsɯə³³tsɯə³³va³³n̠iu²¹tʰəŋ³³sai³³tsau⁴²]

二更愁，[na³³ka³³tsau⁴²]

韭菜叶姆绿油油，[tɕiau³⁵tsʰɔ²¹i³³məŋ⁰liu³³iau⁴²iau⁴²] 叶姆：叶子

韭菜叶长爷莫割，[tɕiau³⁵tsʰɔ²¹i³³tsiaŋ⁴²ye⁴²mɯ²¹kɯ⁵⁵]

女儿年轻爷莫留。[n̠iu²¹ai⁴²nəŋ⁴²tɕʰioŋ³³ye⁴²mɯ²¹liau⁴²]

三更愁，[soŋ³³ka³³tsau⁴²]

白刀一把□床头，[pɯə³³lau³³i⁵⁵pɯə³⁵tʰau⁴²tsaŋ⁴²tau⁴²] □ [tʰau⁴²]：放

我今莫愿嫁财东，[ŋu²¹tɕie³³mɯ²¹yŋ³³kɯɯə²¹tsɔ⁴²lai³³]

了却此生恨莫休。[li²¹tɕʰiau³⁵tsʰɯə³⁵sa³³hai²¹mɯ²¹ɕiau³³]

四更愁，[sa²¹ka³³tsau⁴²]

两头金鸡隔笼游，[liaŋ³⁵tau⁴²tɕie³³tɕi³³kɯɯə⁴²loŋ⁴²iau⁴²]

金鸡头头留那⁼住，[tɕie³³tɕi³³tau⁴²tau⁴²liau⁴²nəŋ⁵⁵tsiu³³] 那⁼：得

我娘嘴留心莫留。[ŋ²¹n̠iaŋ⁴²tɕya³⁵liau⁴²sai³³mɯ²¹liau⁴²]

五更愁，[ŋ²¹ka³³tsau⁴²]

金凤银凤□床头，[tɕie³³faŋ³³n̠ie⁴²faŋ³³tʰau⁴²tsaŋ⁴²tau⁴²] □ [tʰau⁴²]：放

别人出嫁心头欢，[pi⁵⁵ie⁴²ɕya⁵⁵kɯɯə²¹sai³³tau⁴²haŋ³³]

我今出嫁泪双流。[ŋ²¹tɕie³³ɕya⁵⁵kɯɯə²¹la³³saŋ³³liau⁴²]

民歌《五更愁》。

五 故 事

牛郎与织女 [ŋau⁴²laŋ⁴²y²¹tɕi⁵⁵n̠iu²¹]

答⁼根⁼二⁼以前，[lu⁵⁵ka³³na³³i²¹tsən⁴²] 答⁼根⁼二：很久

有一人后生崽，[hau²¹i⁵⁵n̠ie³³hau²¹sa³³tsʅ³⁵] 人：量词

爷娘冇在哒，[ye⁴²n̠iaŋ⁴²mau⁵⁵hɔ²¹tɯ⁰]

屋家哪个是冇哪，[vu⁵⁵tɕie⁵⁵nəŋ³³kɯ⁵⁵sʅ³⁵ma⁵⁵nəŋ³³] 哪个：什么。冇哪：没有

只有头老牛，[tsɯə³⁵hau²¹tɯ⁴²lau²¹ŋau⁴²]

他每日养牛，[tɯə³³mai²¹na³³iaŋ²¹ŋau⁴²]

大家话他牛郎。[tɔ³³tɕie³³vɯə³³tɯə³³ŋau⁴²laŋ⁴²] 话：叫

牛郎呢，[ŋau⁴²laŋ⁴²lɯ⁰]

经常以赶牛犁田为生。[tɕiŋ³³ɕiaŋ⁴²i²¹kaŋ³⁵ŋau⁴²li⁴²təŋ⁴²va³³sa³³]

他屋家头老牛其实上是天上下凡个金牛星。[tɯə³³vu⁵⁵tɕie⁵⁵tau⁴²lau²¹ŋau⁴²tɕi⁴²sɯə³³ɕiaŋ³³sɯə²¹tʰəŋ³³ɕiaŋ³³fu²¹faŋ⁴²kɯ⁰tɕie³³ŋau⁴²sioŋ³³]

金牛星咧，[tɕie³³ŋau⁴²sioŋ³³lɯ⁰]

睐到牛郎勤劳善良，[lie³³lau²¹ŋau⁴²laŋ⁴²tɕie⁴²lau⁴²ɕiŋ²¹liaŋ⁴²] 睐：看

想密⁼他成个家。[siaŋ³⁵mi⁵⁵tɯə³³ɕioŋ⁴²kɯ⁰kɯɯə³³] 密⁼：给

有一日，[hau²¹i⁵⁵na³³]

金牛星托梦得牛郎。[tɕie³³ŋau⁴²sioŋ³³tʰau⁵⁵maŋ³³tɯ⁵⁵ŋau⁴²laŋ⁴²]

他讲天⁼日呢 [tɯə³³tɕiaŋ³⁵tʰəŋ³³na³³lɯ⁰] 天⁼日：明天

有群神仙下凡，[hau²¹faŋ³⁵ɕie⁴²sən³³fu²¹faŋ⁴²]

仙女下凡，[sən³³n̠iu²¹fu²¹faŋ⁴²]

到东村个池塘腹洗凉，[lau²¹lai³³tɕʰie³³kɯ⁰tsɯə⁴²taŋ⁴²pu⁴²si³⁵liaŋ⁴²] "东村"为口误，应为"村东"。洗凉：洗澡

你呢莫要声张说话，[i²¹nəŋ⁰mɯ²¹n̠ie³³ɕie³³tsiaŋ³³ɕy⁵⁵fɯə³³]

哥⁼哥⁼哒念⁼，[ku³³tɯ⁰nəŋ²¹] 哥⁼哥⁼哒念⁼：默不作声

到罢⁼角⁼，[lau²¹pai²¹tɕiau⁵⁵] 罢⁼角⁼：那里

拿一套她人个衣服，[lau²¹i⁵⁵tʰau²¹tɯ⁰nəŋ²¹kɯ⁰ɔ³³fu³³]

拿起衣服以后莫要回头，[lau²¹ɕi³⁵ɔ³³fu³³i²¹hau²¹mɯ²¹n̠ie³³fu⁴²tau⁴²]

马上走入屋。[mu²¹ɕiaŋ³³tsau³⁵na³³vu⁵⁵] 入：进

牛郎半信半疑，[ŋau⁴²laŋ⁴²paŋ²¹sai²¹paŋ²¹n̠i⁴²]

第二日真正到村东个池塘边去睐，[ti³³na³³na³³tɕie³³tɕie³³lau²¹tɕʰye³³lai³³kɯ⁰tsɯə⁴²taŋ⁴²pəŋ³³hu²¹lie³³] 睐：看

发现真正有几人女子在街＂里洗凉，[fɔ⁵⁵ɕiŋ³³tɕie³³tɕie³³hau²¹tɕi⁰n̠ie³³n̠iu²¹tsɿ³⁵ɔ²¹kɔ³³la²¹si³⁵liaŋ⁴²]

人：量词。街＂里：那里

嘻嘻哈哈宝＂水仗，[ɕi³³ɕi³³ha³³ha³³pau³⁵ɕya³⁵tɕiaŋ²¹] 宝＂：打

他个哥＂哥＂哒念＂，[tɯə³³kɯ⁰ku³³ku³³tɯ⁰nəŋ³³] 哥＂哥＂哒念＂：默不作声

老快得走那就走拿了一套人个衣服，[lu⁵⁵kʰuɔ²¹tɯ⁰tsau³⁵lau²¹tsiau³³lɔ²¹li²¹i⁵⁵tʰau²¹ŋ⁴²kɯ⁰ɔ³³fu³³]

马上走入屋。[mu²¹ɕiaŋ³³tsau³⁵na³³vu⁵⁵]

牛郎拿起一套织女个衣服。[ŋau⁴²laŋ⁴²lɔ²¹ɕi³⁵i⁵⁵tʰau²¹tɕi⁵⁵n̠iu²¹kɯ⁰ɔ³³fu³³]

织女发现她个衣服莫见念＂哒。[tɕi⁵⁵n̠iu²¹fɔ⁵⁵ɕiŋ³³tɯə³³kɯ⁰ɔ³³fu³³mɯ²¹tɕiŋ²¹nəŋ³³tɯ⁰] 念＂：助词，无实义

以后呢，就到牛郎家，[i²¹hau²¹nɯ⁰，tsiau³³lau²¹ŋau⁴²laŋ⁴²kɯɯə³³]

轻轻个敲门，来拿她个衣服。[tɕʰioŋ³³tɕʰioŋ³³kɯ⁰kʰau³³mai⁴²，lɔ⁴²lɔ³³tɯə³³kɯ⁰ɔ³³fu³³]

那日夜黑呢，他们两人结成哒夫妻。[nəŋ⁵⁵na³³ye³³hu⁵⁵nɯ⁰，tɯə³³nəŋ³³liaŋ²¹n̠ie⁴²tɕi⁵⁵ɕioŋ⁴²tɯ⁰fu³³tɕʰi³³]

他们结为夫妻之后，[tɯə³³nəŋ³³tɕi⁵⁵va³³fu³³tɕʰi³³tsɿ³³hau²¹]

生哒一男一女。[sa³³tɯ⁰i⁵⁵noŋ⁴²i⁵⁵n̠iu²¹]

过哒三年，[ku²¹tɯ⁰soŋ³³nəŋ⁴²]

天上个玉皇大帝知年＂□一件事，[tʰəŋ³³ɕiaŋ³³kɯ⁰n̠iu³³haŋ⁴²tɔ³³ti²¹la³³nəŋ⁴²lɯ⁵⁵i⁵⁵tɕiŋ²¹sɯə³³] 知年＂：知道。

□[lɯ⁵⁵]：这

就派天兵天将来抓织女，[tsiau³³pʰɔ³⁵tʰəŋ³³pioŋ³³tʰəŋ³³tsiaŋ²¹lɔ⁴²tɕyɔ³³tɕi⁵⁵n̠iu²¹]

那日咧，又喊雷公，又眨雷火，[nəŋ⁵⁵na³³lie⁰，iu³³ha²¹lie⁴²kai³³，iu³³tsa⁵⁵lie⁴²fu³⁵]

又吹大风，又落大雨，[iu³³tɕʰya³³tɔ³³pai³³，iu³³lɯ³³tɔ³³vu²¹]

织女突然莫见认哒。[tɕi⁵⁵n̠iu²¹tʰu⁵⁵n̠iŋ⁴²mɯ²¹tɕiŋ²¹nən³³tɯ⁰]

□两人细人崽哭那＝相当厉害，[a⁵⁵liaŋ²¹n̠ie³³si²¹ŋ³³tsʅ³⁵hu⁵⁵nəŋ³³ɕia³³laŋ³³la³³hu³³] □[a⁵⁵]：这。细人崽：孩子。

　　那＝：得

一直喊娘，[i⁵⁵tɕi³³ha²¹n̠iaŋ⁴²]

牛郎心腹紧急起莫知如何是好啊。[ŋau⁴²laŋ⁴²sai³³pu⁵⁵tɕie³⁵tɕi⁵⁵ɕi²¹mɯ²¹la³³y⁴²hɔ⁴²sɯə²¹hau³⁵a⁰]

□个时候，[a⁵⁵kɯ⁰sɯə⁴²hau³³] □[a⁵⁵]：这

□头老牛咧，突然讲话哒，[a⁵⁵tau⁴²lau²¹ŋau⁴²lie⁰，tʰu⁵⁵n̠iŋ⁴²tɕiaŋ³⁵fuə³³tɯ⁰] □[a⁵⁵]：这

他讲，你停刻来把我脑壳上□对角□□下来，[tuə³³tɕiaŋ³⁵，i²¹tsioŋ⁴²kʰɯ⁵⁵lɔ⁴²pɯə³⁵ŋu²¹nai³⁵kʰau⁵⁵ɕiaŋ³³a⁵⁵lie²¹tɕiau⁵⁵ka³³iu³³fuə²¹lɔ⁴²] □[a⁵⁵]：这。角□[tɕiau⁵⁵ka³³]：牛角。□[iu³³]：拿

它念＝就可以变成两只箩，[tuə³³nəŋ³³tsiau³³kʰau³⁵ʑi²¹pəŋ²¹ɕioŋ⁴²liaŋ²¹tɕye⁵⁵lɯ⁴²] 它念＝：它们

一只箩装一人细人崽，[i⁵⁵tɕye⁵⁵lɯ⁴²tsaŋ³³i⁵⁵n̠ie⁴²si²¹ŋ⁴²tsʅ³⁵]

然后咧，你就挑起担箩去追你女客。[n̠iŋ⁴²hau²¹lie⁰，i²¹tsiau³³lɯ³⁵ɕi³⁵loŋ²¹lɯ⁴²tɕʰy²¹tɕya³³i²¹n̠iu²¹fuə⁵⁵]

　　女客：老婆

牛郎半信半疑，[ŋau⁴²laŋ⁴²paŋ²¹sai²¹paŋ²¹n̠i⁴²]

那对牛角真正掉到地上变成得两只箩，[nəŋ⁵⁵lie²¹ŋau⁴²tɕiau⁵⁵tɕie³³tɕie³³tau⁰ta⁰ɕiaŋ³³pəŋ²¹ɕioŋ⁴²tɯ⁵⁵liaŋ²¹tɕye⁵⁵lɯ⁴²]

牛郎赶快行动起来，[ŋau⁴²laŋ⁴²kaŋ³⁵kʰuɔ²¹ha²¹tai²¹ɕi³⁵lɔ⁴²]

把□两人带＝子装入箩腹紧，[pɯə³⁵a⁵⁵liaŋ²¹n̠ie⁴²lɔ²¹tsʅ³⁵tsaŋ³³na³³lɯ⁴²pu⁵⁵tɕie³⁵] □[a⁵⁵]：这。带＝子：孩子。

　　腹紧：里面

拿一担姆追哒上去哒。[lɔ²¹i⁵⁵loŋ²¹məŋ⁰tɕya³³tɯ⁰ɕioŋ⁴²hu⁵⁵tɯ⁰] 担姆：扁担

一□清风吹过来，[i⁵⁵hau³⁵tsʰioŋ³³pai³³tɕʰya³³kɯ²¹lɔ⁴²] □[hau³⁵]：股

□两只箩就腾云驾雾上哒天。[a⁵⁵liaŋ²¹tɕye⁵⁵lɯ⁴²tsiau³³tai⁴²ye⁴²kuɯə³³vu³³ɕiaŋ³³tɯ⁰tʰəŋ³³] □[a⁵⁵]：这

他挑起□担箩，[tuə³³lɯ³⁵ɕi³⁵a⁵⁵loŋ²¹lɯ⁴²] □[a⁵⁵]：这

一□子就追上哒织女。[i⁵⁵lɯ⁴²tsʅ³⁵tsiau³³tɕya³³ɕiaŋ³³tɯ⁰tɕi⁵⁵n̠iu²¹] 一□子[i⁵⁵lɯ⁴²tsʅ³⁵]：一下子

□一刻，[a⁵⁵i⁵⁵kʰɯ⁵⁵] □[a⁵⁵]：这

撞到王母娘娘，[tsaŋ³³lau²¹ioŋ³³mu²¹n̠iaŋ⁴²n̠iaŋ⁴²]撞到：碰到

王母娘娘从她脑壳上拔下哒一根金钗，[ioŋ³³mu²¹n̠iaŋ⁴²n̠iaŋ⁴²tsau³⁵tɯə³³nai³⁵kʰau⁵⁵ɕiaŋ³³pa²¹fu²¹tɯ⁰i⁵⁵kuɔ³³tɕie³³tsʰu³³]

矮ᵈ牛郎密ᵈ织女力ᵈ亮ᵈ心ᵈ划哒一根线，[ɔ³⁵ŋau⁴²laŋ⁴²mi⁵⁵tɕi⁵⁵n̠iu²¹liaŋ²¹sai³³fɯə³³tɯ⁰i⁵⁵kuɔ³³səŋ²¹]

　　矮ᵈ：在。密ᵈ：和。力ᵈ亮ᵈ心ᵈ：中间

□根线，马上变成哒一条大河，[a⁵⁵kuɔ³³səŋ²¹，mu²¹ɕiaŋ³³pəŋ²¹ɕioŋ⁴²tɯ⁰i⁵⁵tsi⁴²tɔ³³hɔ³³] □ [a⁵⁵]：这

大河把牛郎密ᵈ织女隔开哒，[tɔ³³hɔ³³pai³³ŋau⁴²laŋ⁴²mi⁵⁵tɕi⁵⁵n̠iu²¹kuɯə⁵⁵hu³³tɯ⁰]

他念ᵈ只能隔河相望。[tɯə³³nəŋ³³tsɯə³⁵nai⁴²kuɯə⁵⁵hɔ³³siaŋ³³vaŋ³³] 他念ᵈ：他们

天上个乌鹊门睐到哒这种情形，[tʰəŋ³³ɕiaŋ³³kɯ⁰vu³³sie⁵⁵məŋ⁴²lie³³lau²¹tɯ⁰tɕie³⁵tsioŋ⁴²tɕioŋ⁴²ɕiŋ⁴²]

　　乌鹊门：喜鹊。

非常同情他念ᵈ，[fa³³ɕiaŋ⁴²taŋ⁴²tsioŋ⁴²tɯə³³nəŋ³³]

于是千千万万个乌鹊门飞到天河来，[y³³sɯə²¹tsʰəŋ³³tsʰəŋ³³va³³va³³kɯ⁰vu³³sie⁵⁵məŋ⁴²pʰɔ³⁵lau²¹tʰəŋ³³hɔ³³lɔ⁴²]

它念ᵈ□头个嘴夹咬起另外一头个尾公。[tɯə³³nəŋ³³a⁵⁵tau⁴²kɯ⁰tɕy³⁵kɔ³³n̠iau²¹ɕi³⁵lioŋ³³ŋɯɯ³³i⁵⁵tau⁴²kɯ⁰mɔ²¹kai³³] □ [a⁵⁵]：这。嘴夹：嘴巴。尾公：尾巴

它念ᵈ一□一□个架起哒乌鹊门桥。[tɯə³³nəŋ³³i⁵⁵pʰaŋ³⁵i⁵⁵pʰaŋ³⁵kɯ⁰kuɯə²¹ɕi³⁵tɯ⁰vu³³sie⁵⁵mai⁴²tɕi⁴²]

　　□ [pʰaŋ³⁵]：群

牛郎织女就基ᵈ样个通过哒架桥相会。[ŋau⁴²laŋ⁴²tɕi⁵⁵n̠iu²¹tsiau³³tɕi³³iaŋ³³kɯ⁰tʰaŋ³³ku²¹tɯ⁰kuɯə²¹tɕi⁴²siaŋ³³fɯ³³] 基ᵈ样：这样

以后每年七月初七一日，[i²¹hau²¹mai²¹nəŋ⁴²tsʰa⁵⁵nye³³tsʰu³³tsʰa⁵⁵i⁵⁵na³³]

他念ᵈ就相会见一次面，[tɯə³³nəŋ³³tsiau³³siaŋ³³fɯ³³tɕin²¹i⁵⁵tsʰɯə²¹məŋ³³]

团圆一□，[taŋ⁴²yŋ⁴²i⁵⁵lɔ⁴²] □ [lɔ⁴²]：下

那日人间个人是睐莫到乌鹊门个，[nəŋ⁵⁵na³³ŋ⁴²ka³³kɯ⁰ŋ³³sɯə²¹lie⁴²mu²¹lau²¹vu³³sie⁵⁵məŋ⁴²kɯ⁰]

　　人间个人：凡人

因为□老ᵈ乌鹊门全去哒密ᵈ牛郎、织女架桥。[ie³³va³³a⁵⁵lau²¹vu³³sie⁵⁵məŋ⁴²tɕyŋ⁴²hu²¹tɯ⁰mi⁵⁵ŋau⁴²laŋ⁴²，tɕi⁵⁵n̠iu²¹kuɯə²¹tɕi⁴²] □老ᵈ[a⁵⁵lau²¹]：这些。密ᵈ：帮

牛郎和织女

很久以前,有一个小伙子,父母都去世了。家里什么都没有,只有一头老牛。他每天放牛,大家都叫他牛郎。

牛郎靠着赶牛耕田为生。他家的老牛其实是天上的金牛星。它看到牛郎勤劳善良,所以想帮他成个家。

有一天,金牛星托梦给牛郎。它说:"明天天上的仙女们要下凡来,到村东边的池塘洗澡。你就不要声张,到那儿去拿一身衣服。拿到衣服后不要说话,不要回头,拿了马上回家来。"

牛郎半信半疑,第二天真的到村东边的池塘去看,发现真的有几个女孩儿在那儿洗澡,在嘻嘻哈哈打水仗。他默不作声,飞快地跑到那儿拿了一身衣服,飞奔回家。牛郎拿走的是织女的衣服。她没有衣服,晚上就来到牛郎家轻轻敲门,来拿衣服。那天晚上,两个人就结成了情投意合的夫妻。

他们结为夫妻后,生了一儿一女。过了三年,天上的玉帝知道了这件事情。玉帝派天兵天将来捉织女。那天电闪雷鸣,刮起大风,下起大雨。织女突然不见了。她的两个孩子哭得很厉害,一直叫"妈妈"。牛郎急得不知如何是好。

这时,那头老牛突然开口了。它说:"别着急。你待会儿把我脑袋上的两只角拿下来,它们会变成两个箩筐。你一个箩筐装一个孩子,然后挑着箩筐去追你老婆。"牛郎正将信将疑,牛角就自己掉到了地上,变成了两个箩筐。牛郎赶紧行动起来,一个箩筐装儿子,一个箩筐装女儿,然后拿根扁担挑着马上追。一阵清风吹过,两个箩筐就腾云驾雾上了天。他挑着箩上天,一下子就快追到织女了。这时碰到王母娘娘,她从头上拔下一根金钗,在牛郎、织女中间划了一道线,这道线变成一条大河。大河把小两口隔开了,夫妻俩只能隔河相望。天上的喜鹊看到这种情形,非常同情他们。于是成千上万只喜鹊,飞到天河来,它们一只的嘴巴衔着另一只的尾巴,成群结队搭起一座长长的鹊桥。牛郎织女就通过这座鹊桥,每年七月七日会次面,团圆一下。以后每年七月七日,人们一看喜鹊不见了,就知道喜鹊去搭鹊桥了。

鸟姑娘 [li³⁵ku³³n̠iaŋ⁴²]

古时候,[ku³⁵suɯə⁴²hau³³]

松柏村腹紧有一人非常会唱歌的乖女子,[tɕye⁴²puɯə⁵⁵tɕʰye³³pu⁵⁵tɕie³⁵hau²¹i⁵⁵n̠ie⁴²fa³³ɕiaŋ⁴²vuɯə³³

tɕʰiaŋ⁴²ku³³kɯ⁰kua²¹n̠iu²¹tsɿ³⁵] 腹紧: 里面

她唱歌个时候，[tɯə³³tɕʰiaŋ⁴²ku³³kɯ⁰sɯə⁴²hau³³]

有各种各样个鸟崽，[hau²¹kau⁵⁵tɕie³⁵kau⁵⁵iaŋ⁴²kɯ⁰li³⁵tsɿ³⁵] 鸟崽: 小鸟

围起她飞来飞去。[va⁴²ɕi³⁵tɯə³³pʰɔ³⁵lɔ⁴²pʰɔ³⁵hɯ²¹]

大家冇知年＝话得她个名字，[tɔ³³tɕi⁴²ma²¹la³³nəŋ⁴²tɯə³³vɯə³³tɯ⁵⁵tɯə³³kɯ⁰mioŋ⁴²tsɯə³³] 知年＝: 知道。

话得: 说得出

就话她鸟姑娘。[tsiau³³vɯə³³tɯ⁰li³⁵ku³³n̠iaŋ⁴²]

松柏村周围长满哒又高又大个松树密＝柏树，[tɕye⁴²pɯə⁵⁵tɕʰye³³tɕiau³³va⁴²tɕiaŋ³⁵maŋ²¹tɯ⁰iu³³kau³³ iu³³tɔ³³kɯ⁰tɕye⁴²ɕiu³³mi⁵⁵pɯə⁵⁵ɕiu³³]

春暖花开个时候，[tɕʰye³³naŋ²¹fuɯ³³hɯ³³kɯ⁰sɯə⁴²hau³³]

百鸟就在树上扎窦窦。[pɯə⁵⁵li³⁵tsiau³³ɔ³⁵ɕiu³³ɕiaŋ³³tsɔ⁵⁵tau³³tau³³] 窦窦: 鸟窝

到田腹紧去食五谷。[lau²¹taŋ⁴²pu⁰tɕie³⁵hɯ³³ie³³ŋ²¹ku⁵⁵]

每年出五谷个时候，[mai²¹nəŋ⁴²ɕya⁵⁵ŋ²¹ku⁵⁵kɯ⁰sɯə⁴²hau³³] 个: 的

为哒莫让百鸟来食五谷，[va³³tɯ⁰mɯ²¹iaŋ³³pɯə⁵⁵li³⁵lɔ⁴²ie³³ŋ²¹ku⁵⁵]

影响收成，[ioŋ³⁵ɕiaŋ³⁵ɕiau³³ɕioŋ⁴²]

鸟姑娘让她个歌声把百鸟带到好远好远个大山岭腹去。[li³⁵ku³³n̠iaŋ⁴²iaŋ³³tɯə³³kɯ⁰ku³³ɕioŋ³³pai³⁵ pɯə⁵⁵li³⁵lɔ²¹lau²¹hau³⁵yŋ²¹hau³⁵yŋ²¹kɯ⁰tɔ³³sa³³lioŋ²¹pu⁵⁵hɯ²¹]

五谷入仓哒，[ŋ²¹ku⁵⁵na³³tsʰaŋ³³tɯ⁰]

鸟姑娘才把百鸟带还归来。[li³⁵ku³³n̠iaŋ⁴²sa⁴²pɯə³⁵pɯə⁵⁵li³⁵lɔ²¹ha⁴²kua³³lɔ⁴²]

有一年，[hau²¹i⁵⁵nəŋ⁴²]

二月初一村腹紧有一人财主，[na³³n̠ye³³tsʰu³³i⁵⁵tɕʰye³³pu⁵⁵tɕie³⁵hau²¹i⁵⁵n̠ie⁴²tsɔ⁴²tɕiu³⁵]

抢鸟姑娘做偏房，[tsʰian³⁵li³⁵ku³³n̠iaŋ⁴²tsɯ²¹pən³³faŋ⁴²]

鸟姑娘死活莫依从。[li³⁵ku³³n̠iaŋ⁴²sa³⁵fu³³mɯ²¹i³³tsiaŋ⁴²]

半夜三更，[paŋ²¹ye³³soŋ³³ka³³]

跳下百丈悬边。[tsʰi²¹fɯə²¹pɯə⁵⁵tsiaŋ²¹ɕyŋ⁴²pie³³]

鸟姑娘死哒以后，[li³⁵ku³³ȵiaŋ⁴²sa³⁵tɯ⁰i²¹hau²¹]

大□大□的松树密＝柏树枯哒，[tɔ³³lau³³tɔ³³lau³³kɯ⁰tɕye⁴²ɕiu³³mi⁵⁵pɯə⁵⁵ɕiu³³ha²¹tɯ⁰] □ [lau³³]: 棵

百鸟飞到哒山腹紧去。[pɯə⁵⁵li³⁵pɔ³⁵lau²¹tɯ⁰sa³³pu⁵⁵tɕie³⁵hu²¹]

松柏村有那＝歌声，[tɕye⁴²pɯə⁵⁵tɕʰye³³ma⁵⁵nəŋ⁵⁵ku³³ɕioŋ³³] 那＝: 得

又有那＝一头鸟崽个影牯，[iu³³ma⁵⁵nəŋ⁵⁵i⁵⁵tau⁴²li³⁵tsʅ³⁵kɯ⁰ȵioŋ³⁵ku³³] 那＝: 得。影牯: 影子

为哒纪念鸟姑娘，[va³³tɯ⁰tɕi³⁵nəŋ³³li³⁵ku³³ȵiaŋ⁴²]

以后，[i²¹hau²¹]

每年二月初一，[mai²¹nəŋ⁴²na³³nye³³tsʰu³³i⁵⁵]

松柏村个人做糯米糍、糕点，[tɕye⁴²pɯə⁵⁵tɕʰye³³kɯ⁰ŋ⁴²tsɯ²¹nɯ³³mi²¹tsɔ⁴²，kau³³nəŋ³⁵] 糯米糍: 糯米做的

一种点心

挑到山腹紧去撒开，[lɯ³⁵lau²¹sa³³pu⁵⁵tɕie³⁵hu²¹su⁵⁵hɯ³³]

好让百鸟来食。[hau³⁵iaŋ³³pɯə⁵⁵li³⁵lɔ⁴²ie³³]

松柏村个鸟节，[tɕye⁴²pɯə⁵⁵tɕʰye³³kɯ⁰li³⁵tsi⁵⁵]

就是这样个来咯。[tsiau³³sɯə²¹tɕiaŋ⁴²iaŋ⁴²kɯ⁰lɔ⁴²kɯ⁰]

鸟姑娘

古时候，松柏村有个非常会唱歌的姑娘。她唱歌的时候，会引来很多鸟儿围在身边飞来飞去。没有人知道她的真名，都叫她鸟姑娘。

松柏村有很多又高又大的松树和柏树，春暖花开的时候，百鸟就在树上做窝，到田里吃谷子。每年谷子成熟的时候，为了不让百鸟影响收成，鸟姑娘就用歌声把百鸟引到很远的大山里。等粮食收到粮仓，鸟姑娘才把百鸟带回来。

有一年的二月初一，村里的财主想抢鸟姑娘当自己的偏房。鸟姑娘死活不依，半夜三更跳下了百丈悬崖。鸟姑娘死了以后，大棵大棵的松树和柏树都枯了，百鸟也飞到山里面。松柏村从此没有了歌声，也没有了鸟儿的影子。

后来，每年二月初一，松柏村的人都会做糍粑、糕点，挑到山里去撒开，让百鸟来吃。松柏村的赶鸟节，就是这么来的。

永明人 [ioŋ³³mioŋ⁴²ŋ⁴²]

矮‖清朝，[ɔ³⁵tsʰioŋ³³tsi⁴²] 矮‖：在

外地人睐莫起永明人，[ŋɯɯ³³ta³³ŋ⁴²lie³⁵mɯ²¹ɕi³⁵ioŋ³³mioŋ⁴²ŋ⁴²]

讲永明人莫会写诗文，[tɕiaŋ³⁵ioŋ³³mioŋ⁴²ŋ⁴²mɯ²¹fɯ³³sie³⁵sɯə³³vai⁴²]

□里□气。[vɯə³⁵li²¹vɯə³⁵tɕʰi³³] □里□气 [vɯə³⁵li²¹vɯə³⁵tɕʰi³³]：傻里傻气

有一日，[hau²¹i⁵⁵na³³]

永明县蒲家街有一人蒲老先生，[ioŋ³³mioŋ⁴²yŋ³³pu⁴²kɯɯə³³kɔ³³hau²¹i⁵⁵n̩ie³³pu⁴²lau²¹səŋ³³sa³³] 蒲：潇浦镇

　　的蒲家在当地很有威望。另外，唐、佘、何、蒋家也都很有名。

带起五人弟子到永州府去考秀才。[lɔ²¹ɕi³⁵ŋ³⁵n̩ie³³ti²¹tsɯə³⁵lau²¹ioŋ³³tɕiau³³fu³⁵fu²¹kʰau³⁵siau²¹tsɔ²¹]

到永州府护城河过渡，[lau²¹ioŋ³³tɕiau³³fu³⁵fu³³ɕioŋ⁴²hɔ³³kɯ²¹tu³³]

撑船个老年‖知年‖他们是永明人，[tɕʰyŋ³³ɕyŋ⁴²kɯ⁰lau²¹nəŋ⁴²la³³nəŋ⁴²tɯə³³nəŋ³³sɯə²¹ioŋ³³mioŋ⁴²ŋ⁴²]

　　老年‖：老头儿。知年‖：知道

就故意刁难，[tsiau³³kɯ²¹i²¹li³³na⁴²]

莫愿开船，[mɯ²¹yŋ³³hɯ³³ɕyŋ⁴²]

要求对诗，[i³³tɕiau⁴²lie²¹sɯə³³]

对上得就让过河，[lie²¹ɕiaŋ³³tɯ⁵⁵tsiau³³iaŋ³³kɯ²¹hɔ³³]

对莫上就宝‖马回家。[lie²¹mɯ²¹ɕiaŋ³³tsiau³³pau³⁵mɯ²¹fɯ⁴²kɯɯə³³] 宝‖：打

蒲老先生请撑船老年‖出上联，[pu⁴²lau²¹səŋ³³sa³³tsʰioŋ³⁵tɕʰyŋ³³ɕyŋ⁴²lau²¹nəŋ⁴²ɕya⁵⁵ɕiaŋ³³ləŋ³³]

好让弟子来对。[hau³⁵iaŋ³³ti²¹tsɯə³⁵lɔ⁴²lie²¹]

撑船老年‖指起两粒塔讲：[tɕʰyŋ³³ɕyŋ⁴²lau²¹nəŋ⁴²tsɯə³⁵ɕi³⁵liaŋ²¹la⁵⁵tʰu⁵⁵tɕiaŋ³⁵]

"双塔层层，[saŋ³³tʰu⁵⁵tsai⁴²tsai⁴²]

七层四方八面。" [tsʰa⁵⁵tsai⁴²sa²¹faŋ³³pɔ⁵⁵məŋ³³]

五人弟子连忙摇起一只手，[ŋ⁵⁵n̩ie³³ti²¹tsɯə³⁵ləŋ⁴²məŋ⁴²i⁴²ɕi⁵⁵tɕye⁵⁵ɕiau³⁵]

意思是答唔上来。[i²¹sɯə³³sɯə²¹lu⁵⁵mu³³ɕiaŋ³³lɔ⁴²]

撑船老年＝横起竹篙，讲：[tɕʰyŋ³³ɕyŋ⁴²lau²¹nəŋ⁴²va⁴²ɕi³⁵liau⁵⁵kau³³，tɕiaŋ³⁵]

"那有言在先，[nəŋ⁵⁵iau²¹n̠iŋ⁴²tsɔ²¹səŋ³³]

对莫出下联，[lie²¹muɯ²¹ɕya⁵⁵fuɯə²¹ləŋ³³]

我是莫得开船个。"[ŋ²¹suɯ²¹muɯ²¹ta⁴²huɯ³³ɕyŋ⁴²kuɯ⁰]

蒲老先生哈哈一笑，[pu⁴²lau²¹səŋ³³sa³³ha³³ha³³i⁵⁵si²¹]

讲他念＝刚好对上得啊。[tɕiaŋ³⁵tuɯ³³nəŋ³³kaŋ³³hau³⁵lie²¹ɕiaŋ³³tuɯ⁵⁵a⁰] 他念＝：他们

老年＝讲："□怎样知年＝咧？"[lau²¹nəŋ⁴²tɕiaŋ³⁵，li³³tɕi³³iaŋ³³la³³nəŋ⁴²lie⁰] □[li³³]：你。

蒲老先生讲：[pu⁴²lau²¹səŋ³³sa³³tɕiaŋ³⁵]

"孤手摇摇，[ku³³ɕiau³⁵i⁴²i⁴²]

五指三长两短。"[ŋ⁵⁵tsuɯ³⁵soŋ³³tsiaŋ⁴²liaŋ²¹laŋ³⁵]

从那刻以后，[tsoŋ⁴²nəŋ⁵⁵kʰuɯ⁵⁵i²¹hau²¹]

外地人再莫敢轻易刁难永明人哒。[ŋuɯ³³ta³³ŋ⁴²tsɔ²¹muɯ²¹kaŋ³⁵tɕʰioŋ³³i³³li³³na⁴²ioŋ³³mioŋ⁴²ie⁴²tuɯ⁰]

永明人

　　在清朝，外地人看不起永明人，他们觉得永明人不会写诗文，傻里傻气的。

　　有一天，永明县蒲家街有一个蒲老先生，带着五个学生去永州府考秀才，到永州府的护城河过渡。撑船的老汉看到他们是永明人，就故意刁难，不愿意开船，要求对诗，说对得上才过河，对不上就让他们回家。蒲老先生请撑船的老农出上联，让自己的弟子应对。

　　撑船的老农指着两个塔出了上联："双塔层层，七层四方八面。"

　　五个弟子连忙摇手，意思是答不上来。撑船的老农把竹篙一横，说，"我有言在先啊，如果对不出下联，我不开船。"

　　蒲老先生哈哈一笑，说，"他们刚刚已经对上了啊。"

　　老农问："怎么说？"

　　蒲老先生讲："孤手摇摇，五指三长两短。"

　　从那以后，外地人再也不敢轻易刁难永明人了。

义老大学官话 [n̠i³³lau²¹tɔ³³ɕiau³³kaŋ³³fɯə³³]

义老大个村紧腹冇那゠一人会讲官话。[n̠i³³lau²¹tɔ³³kɯᵗɕʰye³³tɕiaŋ⁴²pu⁵⁵mau⁴²nəŋ⁴²iˑ⁵⁵n̠iŋ³⁵fu³³tɕiaŋ³⁵
　kaŋ³³fɯə³³] 个：的。紧腹：里面，更常说"腹紧"。那゠：得

他拿上行李，[tɯə³³lu²¹ɕiaŋ³³ha⁴²lai³³]

准备哒钱，[tɕye³⁵pa³³taⁿtsəŋ⁴²]

出外地去拜一人会讲官话，[ɕya⁵⁵ŋɯɯ³³ta³³hu²¹pɔ²¹ˑ⁵⁵n̠ie⁵⁵fu³³tɕiaŋ³⁵kaŋ³³fɯə³³]

又会讲土话个人为师，[iu³³fu³³tɕiaŋ³⁵tʰu³⁵fɯə³³kɯⁿŋ⁴²va³³sɯə³³]

好归来教村紧腹个人讲官话。[hau³⁵kua³³lɔ⁴²tɕiau³³tɕʰye³³pu⁵⁵tɕiaŋ⁴²kɯⁿŋ⁴²tɕiaŋ³⁵kaŋ³³fɯə³³]

□一日，[a⁵⁵iˑ⁵⁵na³³] □ [a⁵⁵]：这

义老大陪起先生走路，[n̠i⁴²lɔ⁴²tɔ³³pɯⁿɕi³⁵səŋ³³sa³³tsau³⁵lu³³]

用土话问：[iaŋ³³tʰu³⁵fɯə³³mai³³]

"我密゠你两人□句话语，[ŋ²¹mi⁵⁵n̠i⁴²liaŋ²¹n̠iŋ³⁵a⁵⁵tɕiu²¹fɯə³³n̠i²¹] 密゠：和。□ [a⁵⁵]：这

讲成官话怎样个讲法呢？"[tɕiaŋ³⁵ɕioŋ⁴²kaŋ³³fɯə³³tɕiˑ³³iaŋ³³kɯⁿtɕiaŋ³⁵ɕiau⁵⁵n̠iⁿ]

先生讲："我们。"[səŋ³³sa³³tɕiaŋ³⁵：ŋɔ³³məŋ⁴²]

义老大学会哒第一句官话，[n̠i⁴²lɔ⁴²tɔ³³ɕiau³³fu³³tɯ⁰tiˑ³³iˑ⁵⁵tɕiu²¹kaŋ³³fɯə³³]

心腹紧欢喜满哒，[sai³³pu⁵⁵tɕie³⁵haŋ³³ɕi³⁵mai²¹tuⁿ] 满：极

嘴夹腹唔断咯讲：[tɕya³⁵kɔ⁵⁵pu⁵⁵mɔ²¹taŋ²¹kɯⁿtɕiaŋ³⁵] 嘴夹：嘴巴

"我们，我们。"[ŋɔ³³məŋ⁴²，ŋɔ³³məŋ⁴²]

义老大指起树木上，[n̠i⁴²lɔ⁴²tɔ³³tsɯə³³ɕi³⁵ɕiu⁵⁵mu⁵⁵ɕiaŋ³³]

叽叽喳喳乱喊个鸟崽问：[tɕi³³tɕi³³tsa³³tsa³³laŋ³³haⁿkɯ⁰li³⁵tsɿ³⁵mai³³]

"它念゠掐゠哪个事？"[tɯə³³nəŋ³³hɔ⁵⁵nəŋ²¹kɯⁿsɯə³³] 它念゠：它们。掐゠：在

先生讲："它念゠掐゠'好玩'。"[səŋ³³sa³³tɕiaŋ³⁵，tɯə³³nəŋ³³hɔ⁵⁵hau⁴²vaŋ⁴²]

义老大嘴腹紧莫停咯讲：[n̠i⁴²lɔ⁴²tɔ³³tɕya³⁵kɔ⁵⁵pu⁵⁵mu²¹tsioŋ⁴²kɯⁿtɕiaŋ³⁵]

"好玩，好玩。" [hau³³vaŋ⁴², hau³³vaŋ⁴²]

到哒一粒山前头，[lau²¹tɯ⁰i⁵⁵la⁵⁵sa³³tsəŋ⁴²tau⁴²]

乂老大问：[n̠i⁴²lɔ⁴²tɔ³³mai³³]

"□粒山基⁼样咯好睐呢？" [a⁵⁵la⁵⁵sa³³tɕi³³iaŋ³³kɯ⁰hau³⁵lie²¹n̠i⁰] □ [a⁵⁵]: 这。基⁼样: 这么。好睐: 好看

先生讲："□粒是'自然滴'。" [səŋ³³sa³³tɕiaŋ³⁵, a³³la⁵⁵sɯə²¹tsʅ³⁵iŋ⁴²ti⁰] □ [a⁵⁵]: 这

乂老大再莫停咯讲："自然滴，自然滴。" [n̠i⁴²lɔ⁴²tɔ³³tsɔ²¹mɯ²¹tsioŋ⁴²kɯ⁰tɕiaŋ³⁵, tsʅ³⁵iŋ⁴²ti⁰, tsʅ³⁵iŋ⁴²ti⁰]

时间莫早哒，[sɯə⁴²ka³³mɯ²¹tsau³⁵tɯ⁰]

乂老大对先生讲：[n̠i⁴²lɔ⁴²tɔ³³lie²¹səŋ³³sa³³tɕiaŋ³⁵]

"念⁼归屋算哒。" [nəŋ³³kau³³vu⁵⁵saŋ²¹tɯ⁰] 念⁼: 我们

先生讲："好吧。" [səŋ³³sa³³tɕiaŋ³⁵, hau⁴²pa⁰]

乂老大再重复咯讲：[n̠i⁴²lɔ⁴²tɔ³³tsɔ²¹tsai⁴²fu⁵⁵kɯ⁰tɕiaŋ³⁵]

"好吧。" [hau⁴²pa⁰]

归屋个路上，[kau³³vu⁵⁵kɯ⁰lu³³ɕiaŋ³³]

乂老大心腹紧轻轻地重复：[n̠i⁴²lɔ⁴²tɔ³³sai⁵⁵pu⁵⁵tɕie³⁵tɕʰioŋ³³tɕʰioŋ³³ta³³tsai⁴²fu⁵⁵]

"我们，好玩，自然滴，好吧。" [ŋɔ³³məŋ⁴², hau⁴²vaŋ⁴², tsʅ³⁵iŋ⁴²ti⁰, hau⁴²pa⁰]

乂老大学会哒四句官话，[n̠i⁴²lɔ⁴²tɔ³³ɕiau³³fɯ³³tɯ⁰sa²¹tɕiu²¹kaŋ³³fuə³³]

感觉非常好学，[kaŋ³⁵tɕiau⁵⁵fa³³ɕiaŋ⁴²hau²¹ɕiau³³]

就心满意足咯归到村腹紧。[tsiau³³sai³³maŋ²¹i²¹tsiau⁵⁵kɯ⁰kua³³tau²¹tɕʰye³³pu⁵⁵tɕie³⁵]

当日夜黑，[laŋ³³na³³ye³³hɯ⁵⁵]

有一人偷牛贼被人杀哒，[hau³⁵i⁵⁵n̠ie³³tʰau²¹ŋau⁴²tsɯə³³pai²¹ŋ⁴²sɔ⁵⁵tɯ⁰] 人: 量词

案子传哒到县衙，[ŋ²¹tsʅ³⁵tɕyŋ⁴²tɯ⁰lau²¹yŋ³³ŋu⁴²]

县官要问罪，[yŋ³³kaŋ³³i³³mai³³tɕye²¹]

村腹紧个人莫会讲官话，[tɕʰye³³pu⁵⁵tɕie³⁵kɯ⁰ŋ⁴²mɯ²¹fu³³tɕiaŋ³⁵kaŋ³³fuə³³]

唯一义老大学哒官话，[va⁴²i⁵⁵n̠i⁴²lɔ⁴²tɔ³³ɕiau³³tɯ⁰kaŋ³³fɯə³³]

由他出堂答理。[iau⁴²tɯə³³ɕya⁵⁵taŋ⁴²lu⁵⁵la²¹]

县官问："哪人杀咯人？"[yŋ³³kaŋ³³mai³³，nəŋ³³n̠ie⁵⁵sɔ⁵⁵kau²¹ŋ⁴²] 哪人：谁

义老大理直气壮个用一句官话回答："我们。"[n̠i⁴²lɔ⁴²tɔ³³la²¹tɕi³³tɕʰi²¹tsaŋ²¹kɯ⁰iaŋ³³i⁵⁵tɕiu²¹kaŋ³³ fɯə³³fu⁴²lu⁵⁵，ŋɔ³³məŋ⁴²]

县官又问："为哪个杀人？"[yŋ³³kaŋ³³iu³³mai³³，va³³nəŋ³³kɯ⁰sɔ⁵⁵ŋ⁴²] 为哪个：为什么

义老大讲："好玩。"[n̠i⁴²lɔ⁴²tɔ³³tɕiaŋ³⁵，hau⁴²vaŋ⁴²]

县官听哒大声讲：[yŋ³³kaŋ³³tsʰioŋ²¹tɯ⁰tɔ³³ɕioŋ³³tɕiaŋ³⁵]

"杀哒人还好□啊？"[sɔ⁵⁵tɯ⁰ŋ⁴²ha⁴²hau³⁵tsʰai³⁵a⁰] 好□[hau³⁵tsʰai³⁵]：好玩

义老大莫慌莫忙咯答：[n̠i⁴²lɔ⁴²tɔ³³mɯ²¹faŋ³³mɯ²¹maŋ⁴²kɯ⁰lu⁵⁵]

"自然滴。"[tsɿ³⁵iŋ⁴²ti⁰]

县官一拍惊堂木，[yŋ³³kaŋ³³i⁵⁵pʰɯə⁵⁵tɕioŋ³³taŋ⁴²mu⁵⁵]

"呸！把他押哒下，砍哒。"[pʰei⁴²，pɯə³⁵tɯə³³vɯə⁵⁵tɯ⁰fɯə²¹，kʰaŋ⁵⁵tɯ⁰]

义老大心平气和咯讲：[n̠i⁴²lɔ⁴²tɔ³³sai³³pioŋ⁴²tɕʰi²¹fu⁴²kɯ⁰tɕiaŋ³⁵]

"好吧。"[hau⁴²pa⁰]

义老大学哒四句官话，[n̠i⁴²lɔ⁴²tɔ³³ɕiau³³tɯ⁰sa²¹tɕiu²¹kaŋ³³fɯə³³]

用独＝要＝个脑牯输哒一场莫应该输个官司。[iaŋ³³tu³³n̠ie³³kɯ⁰nau³⁵ku³⁵ɕiu³³tɯ⁰i⁰⁵⁵tɕiaŋ⁴²mɯ²¹n̠i³³ kɯ³³ɕiu³³kɯ⁰kaŋ³³sɯə³³] 独＝要＝：自己

义老大学官话

　　义老大的村子里没有一个人会说官话。他拿上行李，准备了钱，去外地拜一个既会说土话、又会说官话的人为师，好回来教村里的人说官话。

　　有一天，义老大陪先生走路，用土话问："'我和你'这句话，用官话怎么说呢？"先生回答："我们。"义老大学会了第一句官话，心中十分欢喜，嘴里不停地说："我们，我们。"

　　义老大指着树上叽叽喳喳乱叫的鸟儿问："它们在什么？"先生说："他们在好玩。"义老大又不停地重复："好玩，好玩。"

走到一座山前，义老大问："这座山怎么这么好看？"先生说："这是自然的。"义老大又不停地说："自然的，自然的。"

时间不早了，义老大对先生讲："咱们回家吧。"先生说："好吧。"义老大跟着重复："好吧。"

回家的路上，义老大在心里轻轻地重复："我们，好玩，自然的，好吧。"

义老大学会了四句官话，觉得官话挺容易学的，就心满意足地回到了村里。

那天晚上，有个偷牛贼被人杀了。案子传到县衙，县官要问罪。村里没人会说官话，只有义老大学了官话，就由他出堂作答。

县官问："谁杀了人？"

义老大理直气壮地用官话回答："我们。"

县官又问："为什么杀人？"

义老大说："好玩。"

县官听了大声怒斥："杀了人还好玩？"

义老大不慌不忙地回答："自然的。"

县官一拍惊堂木，"呸！把他押下去，砍了！"

义老大心平气和地说："好吧。"

义老大学了四句官话，用自己的脑袋输了一场不应该输的官司。

女书 [n̠iu²¹ɕiu³³]

上江圩桐口、浦尾□一带，[ɕiaŋ³³kaŋ³³siu³³tai⁴²hau³⁵, pʰu³⁵mɔ²¹a⁵⁵i⁵⁵lɔ²¹] □ [a⁵⁵]: 这

有一种奇形怪状个书字，[hau²¹i⁵⁵tɕie⁴²tɕi⁴²ɕiŋ⁴²kuɔ²¹tsaŋ³³kɯ⁰ɕiu³³tsɯ̄ə³³]

男子汉莫识那 ⁼，[noŋ⁴²tsɯə³⁵haŋ²¹mɯ²¹ɕi⁵⁵nəŋ⁰] 那 ⁼: 得

历来是由妇女掌握使用，[li⁵⁵lɔ⁴²sɯə²¹iau⁴²fu²¹n̠iu²¹tɕiaŋ³⁵vu⁵⁵sɯə³⁵iaŋ³³]

她念 ⁼ 能识会写，[tɯə³³nəŋ³³nai⁴²ɕi⁵⁵vɯə³³sie³⁵] 她念 ⁼: 她们

还用□种文字编歌写书信，[ha⁴²iaŋ³³a⁵⁵tɕie⁴²vai³³tsɯə³³pʰəŋ³³ku³³sie³⁵ɕiu³³sai³³] □ [a⁵⁵]: 这

所以上□种书字话"女书"。[su³⁵i²¹ɕiaŋ³³a⁵⁵tɕie⁴²ɕiu³³tsɯə³³vɯə³³n̠iu²¹ɕiu³³] □ [a⁵⁵]: 这

水有源，[ɕya³⁵hau²¹ɕyŋ⁴²]

树有根，[ɕiu³³hau²¹ka³³]

"女书"到底是怎样来个呢？[n̠iu²¹ɕiu³³lau²¹li³⁵suɯə²¹tɕiŋ³³iaŋ³³lɔ⁴²kau²¹n̠ie⁰]

相传矮⁼非常久以前，[siaŋ³³tɕyŋ⁴²ɔ³⁵fa³³ɕiaŋ⁴²tɕiau³⁵i²¹tsən⁴²] 矮⁼：在

桐口村山夹腹出哒一人话盘巧个姑娘，[tai⁴²hau³⁵tɕʰye³³sa³³kɔ⁵⁵pu⁵⁵ɕya⁵⁵tuɯi⁵⁵n̠ie⁴²vuɯə³³paŋ⁴²tɕʰi³⁵
　　kuɯ⁰ku³³n̠iaŋ⁴²] 夹腹：里面。话：叫

她三岁会唱歌，[tuɯə³³soŋ³³ɕy²¹vuɯə³³tɕʰiaŋ⁴²ku³³]

七岁会绣花，[tsʰa⁵⁵ɕy²¹vuɯə³³siau²¹fuɯə³³]

到哒十七八岁，[lau²¹tuɯ⁰suɯə³³tsa⁵⁵pɔ⁵⁵ɕy²¹] "七"声母不送气，为口误

冇那⁼一样女工莫精通。[ma⁵⁵nən⁰i⁵⁵iaŋ⁴²n̠iu²¹kai³³muɯ²¹tsioŋ³³tʰaŋ³³] 那⁼：得

她绣个蜜桃、巴⁼周⁼，[tuɯə³³siau²¹kuɯ⁰ma³³tu⁴²，pa³³tɕiau³³] 巴⁼周⁼：柿子

细伢子见哒流口水，[si³⁵ŋ³⁵tsuɯə³⁵tɕiŋ³³tuɯ⁰liau⁴²hau³⁵ɕya³⁵]

她绣个山茶花、映山红，[tuɯə³³siau²¹kuɯ⁰sa³³tsu⁴²fuɯə³³，ioŋ³⁵sa³³hai⁴²]

蜜蜂分莫清真密⁼假，[ma³³pʰai³³fai³³muɯ²¹tsioŋ³³tɕie³³mi⁵⁵kuɯə³⁵] 密⁼：和

村腹紧个姊妹人人喜欢 [tɕʰye³³pu⁵⁵tɕie³⁵kuɯ⁰tsa³⁵məŋ³³n̠ie⁴²n̠ie⁴²ɕi³⁵haŋ³³]

密⁼她一齐绣包脑帕、织带姆、织花边。[mi⁵⁵tuɯə³³i⁵⁵tsi⁴²siau²¹piau³³nai³⁵pʰuɯə²¹，tɕi⁵⁵lɔ²¹məŋ⁰，
　　tɕi⁵⁵fuɯə³³pəŋ³³] 织带姆：包裹婴儿的布。"姆"是名词后缀

新娘出嫁坐歌堂，[sai³³n̠iaŋ⁴²ɕya⁵⁵kuɯə²¹tsuɯ²¹ku³³taŋ⁴²]

一定要请盘巧带头唱花歌，[i⁵⁵tsioŋ³³iau³³tsʰioŋ³⁵paŋ⁴²tɕʰi³⁵lɔ²¹tau⁴²tɕʰiaŋ⁴²fuɯə³³ku³³]

一唱唱到大天光。[i⁵⁵tɕʰiaŋ²¹tɕʰiaŋ²¹lau²¹tɔ³³tʰəŋ³³kaŋ³³]

老年人讲，[lau²¹nən⁴²ŋ⁴²tɕiaŋ³⁵]

天上个文曲星投错哒胎，[tʰəŋ³³ɕiaŋ³³kuɯ⁰vai⁴²tɕʰiu⁵⁵sioŋ³³tau⁴²tsʰuɯ⁵⁵tuɯ⁰tʰɔ³³]

世上才有盘巧基⁼样聪明个女崽。[ɕi²¹ɕiaŋ³³sɔ⁴²hau²¹paŋ⁴²tɕʰi³⁵tɕiaŋ⁴²iaŋ⁴²tsʰaŋ³³mioŋ⁴²kuɯ⁰n̠iu²¹tsɿ³⁵]

　　基⁼样：这样

如果盘巧是一人男人，[y⁴²ku³⁵paŋ⁴²tɕʰi³⁵suɯə²¹i⁵⁵n̠ie³³noŋ⁴²ŋ⁴²]

熟读诗文，[ɕiau³³tu³³sɯə³³vai⁴²]

一定可以中状元。[i⁵⁵tsioŋ³³kʰau³⁵i²¹tɕiaŋ²¹tsaŋ³³yŋ⁴²]

盘巧听哒番话，[paŋ⁴²tɕʰi³⁵tsʰioŋ²¹tɯ⁰fa³³fɯə³³]

心腹紧好难过，[sai³³pu⁵⁵tɕie³⁵hau³⁵na⁴²ku²¹]

村腹紧姊妹上百人，[tɕʰye³³pu⁵⁵tɕie³⁵tsa³⁵məŋ³³ɕiaŋ³³pɯə⁵⁵n̠ie³³]

莫讲是断文识字，[mu²¹tɕiaŋ³⁵sɯə²¹taŋ²¹vai⁴²ɕi⁵⁵tsɯə³³]

连书是哪个样子，[ləŋ⁴²ɕiu³³sɯə²¹nəŋ³³kɯ⁰iaŋ⁴²tsɯə³⁵]

她们是冇哪见过。[tɯə³³nəŋ³³sɯə²¹ma⁵⁵nəŋ³³tɕiŋ²¹ku²¹] 冇哪：没有

□盘巧十八岁那一年，[ɔ³⁵paŋ⁴²tɕʰi³⁵ɕi³³pɔ⁵⁵ɕy⁵⁵nəŋ⁵⁵i⁵⁵nəŋ⁴²] □[ɔ³⁵]：在

一场大祸降到她身上。[i⁵⁵tɕiaŋ⁴²tɔ³³fu²¹tɕiaŋ²¹lau⁴²tɯə³³ɕie³³ɕiaŋ³³]

有一日，[hau²¹i⁵⁵na³³]

盘巧矮﹦山上割草，[paŋ⁴²tɕʰi³⁵ɔ³⁵sa³³ɕiaŋ³³kɯ⁵⁵tsʰai³⁵] 矮﹦：在

官府宝﹦野味个军队发现哒她，[kaŋ³³fu³⁵pau³⁵ye²¹va⁴²kɯ⁰tɕye³³lie²¹fɔ⁵⁵ɕiŋ³³tɯ⁰tɯə³³] 宝﹦：打

把她抢到非常远个道州府去。[pɯə³⁵tɯə³³tsʰiaŋ³⁵lau²¹fa³³ɕiaŋ⁴²yŋ²¹kɯ⁰tau²¹tɕiau³³fu³⁵hu²¹]

村腹紧个姊妹想念盘巧，[tɕʰye³³pu⁵⁵tɕie³⁵kɯ⁰tsa³⁵məŋ³³siaŋ³⁵nəŋ³³paŋ⁴²tɕʰi³⁵]

日日盼望她归来，[na³³na³³pʰaŋ²¹vaŋ³³tɯə³³kua³³lɔ⁴²]

等哒一年又一年，[lai³⁵tɯ⁰i⁵⁵nəŋ⁴²iu³³i⁵⁵nəŋ⁴²]

连一点音信是冇哪，[ləŋ⁴²i⁵⁵ti⁵⁵ie³³sai²¹sɯə²¹ma⁵⁵nəŋ³³]

众姊妹以为盘巧入哒官府，[tɕiaŋ²¹tsa³⁵məŋ³³i²¹va⁴²paŋ⁴²tɕʰi³⁵na³³tɯ⁰kaŋ³³fu³⁵]

着个是绸缎，[li⁵⁵kɯ⁰sɯə²¹tɕiau⁴²taŋ³³]

食个是山珍海味，[ie³³kɯ⁰sɯə²¹sa³³tɕie³³hɯ³⁵va³³]

把三顿食玉米糜个姊妹忘记哒。[pai³³soŋ³³lie²¹ie²¹n̠iu³³mi²¹mɔ⁴²kɯ⁰tsa³⁵məŋ³³vaŋ⁴²tɕi²¹tɯ⁰] 糜：粥

她念﹦哪觉﹦知年﹦，[tɯə³³nəŋ³³nəŋ³³tɕiau⁵⁵la³³tɯ⁰] 她念﹦：她们。哪觉﹦：哪里。知年﹦：知道

官府墙高院深，[kaŋ³³fu³⁵tsiaŋ⁴²kau³³yŋ³⁵ɕie³³]

前有岗，[tsən⁴²iau²¹kaŋ³³]

后有哨，[hau²¹iau²¹sau²¹]

盘巧插上胁□是飞莫出来呀。[paŋ⁴²tɕʰi³⁵tsʰɔ⁵⁵ɕiaŋ³³ɕi⁵⁵kʰa³³sɯə²¹pʰɔ³⁵mɯ²¹ɕya⁵⁵lɔ⁴²a⁰] 胁□ [ɕi⁵⁵kʰa³³]: 翅膀

她喊破哒喉嗓，[tɯə³³ha²¹pia⁴²tɯ⁰hau⁴²saŋ³⁵]

姊妹听莫闻，[tsa³⁵məŋ³³tsʰioŋ²¹mɯ²¹mai⁴²]

她哭肿哒眼睛，[tɯə³³hu⁵⁵tɕie³⁵tɯ⁰ŋa²¹tsioŋ³³]

姊妹睐莫见，[tsa³⁵məŋ³³lie³³mɯ²¹tɕiŋ²¹] 睐: 看

要搭口信冇人来，[ɲie³³lu⁵⁵hau³⁵sai²¹ma⁵⁵ŋ⁴²lɔ⁴²]

要寄书信莫会写，[ɲie³³tɕi²¹ɕiu³³sai²¹mɯ²¹vɯə²¹sie³⁵]

请人代笔更加难，[tsʰioŋ³⁵ŋ⁴²tɔ³³pa⁵⁵ka²¹kuɯə³³na⁴²]

官府腹紧会写书字个人全是官个走狗，[kaŋ³³fu³⁵pu⁵⁵tɕie³⁵vɯə²¹sie³⁵ɕiu³³tsɯə³³kɯ⁰ŋ⁴²tɕyŋ⁴²sɯə²¹kaŋ³³kɯ⁰tsau³⁵kau³⁵]

哪觉‴愿意为盘巧写书信哦？[nəŋ³³tɕiau⁵⁵yŋ³³i²¹va³³paŋ⁴²tɕʰi³⁵sie³⁵ɕiu³³sai²¹o⁰] 哪觉‴[nəŋ³³tɕiau⁵⁵]: 哪里

盘巧想，[paŋ⁴²tɕʰi³⁵siaŋ³⁵]

求人莫如求己，[tɕiau⁴²ie⁴²mɯ²¹y⁴²tɕiau⁴²tɕi³⁵]

世上个书字也是人造出来咯。[ɕi²¹ɕiaŋ³³kɯ⁰ɕiu³³tsɯə³³iu³³sɯə²¹ŋ⁴²tsau²¹ɕya⁵⁵lɔ⁴²kɯ⁰]

何莫如造一种书字，[hu⁴²mɯ²¹y⁴²tsʰau²¹i⁵⁵tɕie⁴²ɕiu³³tsɯə³³]

向亲人诉讲苦情？[ɕiaŋ²¹tsʰai³³ŋ⁴²su²¹tɕiaŋ³⁵kʰu³⁵tsioŋ⁴²]

她根据密‴姊妹织个花边，[tɯə³³ka³³tɕiu²¹mi⁵⁵tsa³⁵məŋ³³tɕi⁵⁵kɯ⁰fɯə³³pəŋ³³] 密‴: 与, 和

做鞋样个图案，[tsʰɯə⁴²hɔ⁴²iaŋ⁴²kɯ⁰tu⁴²ŋ²¹]

每日造一字书字。[mai²¹na³³tsʰau²¹i⁵⁵tsɯə³³ɕiu³³tsɯə³³]

盘巧用特别个方法造出个书字写成一封长信，[paŋ⁴²tɕʰi³⁵iaŋ³³tɯ³³pi³³kɯ⁰faŋ³³ɕiau⁵⁵tsau²¹ɕya⁵⁵kɯ⁰ɕiu³³tsɯə³³sie³⁵ɕioŋ⁴²i⁵⁵fai³³tsiaŋ⁴²sai²¹]

藏起一头由她养大个狗身上，[tsaŋ⁴²ɕi⁵⁵i⁵⁵tau⁴²iau⁴²tɯə³³iaŋ²¹tɔ³³kɯ⁰kau³⁵ɕie³³ɕiaŋ³³]

带搭‴家乡个亲人。[lɔ²¹lu⁵⁵kuɯə³³ɕiaŋ³³kɯ⁰tsʰai³³ŋ⁴²] 带搭‴: 带给

那头狗好像通人性，[nəŋ⁵⁵tau⁴²kau³⁵hau³⁵tsiaŋ²¹tʰaŋ³³ie⁴²sioŋ²¹]

到哒桐口村，[lau²¹tuˠ⁰tai⁴²hau³⁵tɕʰye³³]

东家入，[lai³³kɯɯə³³na³³]

西家出，[si³³kɯɯə³³ɕya⁵⁵]

终于给一人心细个姑孙发现哒狗颈骨底下个信。[tɕiaŋ³³y³³nəŋ³³i⁵⁵ɲie³³sai³³si²¹kuˠ⁰ku³³ɕye³³fɔ⁵⁵ ɕiŋ³³tuˠ⁰kau³⁵tɕioŋ³⁵kɔ⁵⁵li³⁵fɯ²¹kuˠ⁰sai²¹] _{姑孙：姑娘。颈骨：脖子}

拆开一睐，[tsʰu⁵⁵hɯ³³i⁵⁵lie³³]

好像是天书。[hau³⁵tsiaŋ²¹sɯə²¹tʰəŋ³³ɕiu³³]

于是她邀请四十九人姊妹，[y³³sɯə²¹tɯə³³i³³ɕi³⁵sa²¹sɯə³³tɕiau³⁵ɲie³³tsa³⁵məŋ³³]

想哒四十九日，[siaŋ³⁵tuˠ⁰sa²¹ɕi³³tɕiau³⁵na³³]

才把盘巧个信识出来。[sa⁴²pɯə³⁵paŋ⁴²tɕʰi³⁵kuˠ⁰sai²¹ɕi⁵⁵ɕya⁵⁵lɔ⁴²]

从那刻起，[tsoŋ³⁵ŋ⁴²kʰɯ⁵⁵ɕi³⁵]

众姊妹用盘巧造个书字编歌，[tɕiaŋ²¹tsa³⁵məŋ³³iaŋ³³paŋ⁴²tɕʰi³⁵tsʰau²¹kuˠ⁰ɕiu³³tsɯə³³pʰəŋ³³ku³³]

又好识又好记，[iu³³hau³⁵ɕi⁵⁵iu³³hau³⁵tɕi²¹]

代代相传到如今。[tɔ³³tɔ³³siaŋ³³tɕɤŋ⁴²lau²¹y⁴²tɕie³³]

女书

　　上江圩桐口、浦尾村一带，有一种奇形怪状的文字。男性不认识，一向都是由女性掌握使用。她们能写、会读这种文字，还会用这种文字编歌、写信，所以这种文字又叫作女书。

　　水有源，树有根，女书到底是怎样来的呢？

　　相传很久很久以前，桐口村里出了个叫盘巧的姑娘，她三岁会唱歌，七岁会绣花，到了十七八岁，所有女工都很精通。她绣的蜜桃、柿子，小孩子看了流口水。她绣的山茶花、映山红，连蜜蜂都分不出真假。村里的姐妹们都很喜欢跟她一起绣手帕、织布、织花边。新娘出嫁坐歌堂，一定要请盘巧带头唱歌，一唱就唱到大天亮。

　　老人家说，天上的文曲星投错了胎，世上才会有像盘巧这样聪明的姑娘。如果她是个男性，熟读诗文，一定可以中状元。

盘巧听了这番话，心里很难过。村里的姑娘那么多，可是别说识文断字，连书是什么样，她们都没见过。

在盘巧十八岁那一年，有一场大祸降临在她身上。

有一天，盘巧在山上割草，官府打野味的军队发现了她，把她抢到了非常远的道州府去。

村里的姐妹们想念盘巧，每天盼着她回来。等了一年又一年，一点音信都没有。他们以为盘巧到了官府，穿的是绸缎，吃的是山珍海味，已经把一日三餐只能喝玉米粥的姐妹们忘了。她们哪里知道，官府墙高院深，前有岗后有哨，盘巧插翅难飞。她喊破嗓子，姐妹们听不见，她哭肿眼睛，姐妹们也看不见。想捎个口信，没有人来。想写封信，自己不会写，请人代笔更难。官府里会写字的人都是当官的走狗，谁愿意为盘巧写信呢？

盘巧想，求人不如求己。世上的字本来就是人造的，何不造一种字，向亲人诉说自己的苦情？她根据平时跟姐妹们织花边、做鞋样的图案，每天造一个字。她用这种特别的方法造出的字写了很长一封信，藏在一头由她养大的小狗身上，带给家乡的亲人。那头狗好像通人性，到了桐口村，东家入、西家出，终于被一个细心的姑娘发现了狗脖子下藏的书信。拆开一看，好像是天书。于是，她邀请了四十九个姐妹，想了七七四十九天，才把盘巧的信识别出来。

从那以后，众姐妹就用盘巧造的字编歌，又好认又好记，代代相传到如今。

"江永女书,世界瑰宝。"未到江永,已闻其名。2017 年春天,我承担"中国语言文化典藏·江永"项目。激动之后,马上要解决第一个拦路虎——找发音人!现在能说地道土话的人本来就少,能用普通话交流、配合完成项目的更珍稀。在江永县唐共成主任、夏文军书记的陪同下,我在江永乡镇角角落落找了几个月,终于锁定朱建湘伯伯。他是新华村的医生,土生土长,上过医专,性情温和,做事认真细致。不过村里医生就他一个,合作前提是不能耽误诊所的工作。这样进度势必很慢,可多次寻人不得,我知道错过朱医生,项目可能就要停滞了,不如边走边看。于是调查就在诊所开展,他有病人时看病,没病人时配合我调查。后来我把同村的朱祥德老师也约到诊所,朱医生来病人时,换朱老师解释词义,如有错漏,朱医生纠正。左右开弓,双管齐下,调查总算"提速"了。

发音摄像就不能像调查一样了。做了几次工作,朱医生答应集中抽几天"泡"在摄录室,但时间不能太长,这样来广州就不太现实了。贺州学院的邓玉荣老师、杨璧菀老师、钟梓强老师、张琴芳老师等同行知道后伸出援手,场地、设备、摄录人员的问题解决了。录了不到一天,又陷入困境。朱医生发音很地道,但不习惯面对镜头。他为人严谨、负责,不知道的不说,没有百分百把握的不说,说错了会自责,摄录进展缓慢。童谣、故事一遍遍返工,有一天半个故事都没讲完,朱医生需返程的时间表一直在我脑子里闪现。幸好以往的语保经历早就锻炼了我们"办法总比问题多"的信念。冥思苦想,灵光闪现,打配合的发音人朱老师能说会道,有表演的热情和经验,又是朱医生多年的好兄弟,请他每晚将次日要录的长篇语料跟朱医生演练一遍。果然,朱医生渐渐放得开了。一开始,他总说,这首童谣不会,那个故事不会,后面却会主动问我:"我小时候跟我爷爷学过土话《药性赋》,你看要录不?"打着灯笼都找不着

的语料，岂能错过？

摄录完，我又通过实地、微信调查核对了相关材料，女书园的胡淑珍、胡欣、胡美月等人无私地提供了帮助。2019 年 7 月，朱医生、朱老师再次随我去贺州做了补录工作。项目终于告一段落。

江永难调查的原因不是我在当地没人脉，而是土话衰亡得太快，要大海捞针，要跟时间赛跑。然而，正因为这么曲折，我面对、解决问题的能力有了提升。如果要谈经验，有这么几条：

要在当地找一个得力的协作者。比如唐共成主任，人生经历多、社会经验丰富，人脉广、性格好，做事细致、有规划，有什么难题，总是抱着解决的心态去处理，而非推脱，自然就能够协助我们事半功倍。

找发音人时，认真、负责、热心是最重要的品质。对本来工作就不轻松的朱医生来说，坚持配合调查很不容易，换了其他人，恐怕早就不干了，还好朱医生同理心强，排除万难也坚持了下来。

　　山不转水转。一个渠道实现不了方案，不妨分解任务，寻找多条途径。比如分解词条解释和发音两项任务，就是打破发音人难找、时间又不好配合问题的关键。

　　口耳调查与文献材料结合。要肯下功夫调查，还要多方印证。项目开始的头两年，好多当地人告诉我，江永现在已经没有宗教活动、宗教建筑了。2019 年，我翻到一篇文章，说允山有一座花山庙，每年有庆典。看到资料时，马上就到当年的花山庙会了，自己无法抽身，赶紧约了学生李超燕跟随唐主任去拍摄。因写女书祷文的何静华老人身体不适，那一年没有举行花山庙会，但至少拍到了庙宇和一些跟宗教有关的物件，也不算白跑一趟。

　　在江永调查期间，自己遇到的难题不少。找发音人屡败屡战、屡战屡败之时，不是没有气馁过。可想到曹志耘老师说过的"我们在和时间赛跑，而结果必然是时间获胜。但这不是放弃的理由"，想到上一批典藏书稿出版时，学界同行的高度认可和社会大众的热烈反响，想到战斗在语保一线的师友，人人都是汗泪一箩筐却又坚持下来，信念感和勇气便会回来。

　　正因为每一个语保人身体力行的坚守，语言保护才越来越受社会关注。在江永调研期间，我真切感受到语保慢慢进入大众视野。2017 年 5 月，受江永县政府邀请，语保中心组织江永

女书实地考察,调研组有女书研究专家赵丽明教授和其他高校老师,有著名主持人、中国语言资源保护研究中心顾问汪涵先生,还有中央电视台《中国话》纪录片摄制组及联合国教科文组织北京办公室工作人员。不同领域的人一起为"如何加强女书的传承保护、开发应用的规范引导"献计献策。在语保中心的带领下,语言文化保护的各种跨界合作从理念变成了行动。

2017 年 11 月,联合国教科文组织信息与传播部门项目专家布得博格博士 Ms. Irmgarda Kasinskaite-Buddeberg 前往江永调研,有力推动了女书进入联合国教科文组织《世界语言地图》项目的进程,也让江永女书方言文化保护的成果在国际社会上得到了更好地推广。

从孕育举世无双的女书这点看,江永无疑是独特的。从语保理念实践来看,江永却只是众多窗口中的一个。通过它,我们可以看到,政府、学者、媒体、机构、大众如何各尽其职、相互推动,一起助力语言文化保护;也可以看到,语保如何从"民保推官保",到"官保带民保",再到"官民同保";还可以看到,中国语保如何由小到大,由国内走向国外。作为个人,躬逢盛事,忝列其中,何其幸哉!

参考文献

曹志耘、赵丽明 2004《从方言看女书》，《中国社会语言学》第 2 期。

湖南省江永县志编纂委员会 2008《江永县志（1991—2004）》，方志出版社。

湖南省江永县志编纂委员会编 1995《江永县志》，方志出版社。

黄雪贞 1993《江永方言研究》，社会科学文献出版社。

彭泽润 2011《江永女书文字研究》，岳麓书社。

远藤织枝、黄雪贞 2005《女书的历史与现状——解析女书的新视点》，中国社会科学出版社。

赵丽明 1992《中国女书集成——一种奇特的女性文字资料总汇》，清华大学出版社。

索引

1. 索引收录本书"壹"至"捌"部分的所有条目,按条目音序排列。"玖"里的内容不收入索引。

2. 条目首字如是《现代汉语词典》(第7版)未收的字、方框"□",统一归入"其他"类,列在索引最后,并标出整个词的音。

3. 条目中如有方框,在后面标出整个词的音。

4. 每条索引后面的数字为条目所在正文的页码。

中国语言文化典藏

中国语言文化典藏

中国语言文化典藏

汇永

索引

中国语言文化典藏

后记

2017 年 4 月开始，我开始着手江永方言文化调查，两三年间，往返江永数次，历经春夏秋冬，有苦有乐。

感谢曹志耘教授和中国语言资源保护研究中心的信任与委托，让这个项目落地、开花，之后又一直给予各种技术上的支持。

感谢唐共成主任，他多次开车陪我到江永各个乡镇的角落，光是挑选发音人，就动用了他所有的亲友关系，跑了数趟。他人生经历多、社会经验丰富，有什么难题到他那儿往往都能迎刃而解。

感谢我的发音人朱建湘医生，作为一个深受村民信任的乡村医生，他的诊所从不冷清，可即便这样，每次我去调查，他都会抽空耐心解答我的问题，并专程腾出时间配合摄录。

感谢朱祥德老师，在课余时间不辞辛劳，帮助我拍摄了部分照片，并且在调查期间协助我到各个地点寻找所需的素材。

感谢邓玉荣老师、杨璧菀老师、钟梓强老师、张琴芳老师、李超燕、夏雨歆、植杨柳等贺州学院的师友，假期协助摄录发音、视频。特别是杨璧菀老师，在我无法分身的时候，前往江永帮助拍摄葬礼。

感谢夏文军书记，在炎热的天气带我转遍了上江圩镇，之后又几次伸出援手。

感谢江永女书园的胡欣、胡淑珍、胡美月、刘运香、游康生、任泽旺等人的倾力相助，也感谢江永县政府相关领导和朋友的大力支持。

中国语言文化典藏

感谢王莉宁老师，总是在我遇到挫折时鼓励我"办法永远比问题多"，屡屡让我在黑暗中坚持到光明。感谢严修鸿老师和王丽艳老师，反复审校书稿，提了许多具体而有益的建议。

高宁、吴永怡、何雨晴、刘怡婷、邝世平等同学参与了项目材料整理，汪少秋老师、林万丽老师进行了文稿、图片校阅，为本书减少错误做出了贡献。

要感谢的人还很多，恕篇幅有限，没法一一列举。若没有各位师友、同仁的支持和陪伴，这个项目根本无法完成。

江永的方言文化资源，目前只是露出冰山一角，但愿日后能有机会深入挖掘。

杨慧君

2021 年 5 月 20 日于广州白云山

江永

后记

图书在版编目（CIP）数据

　　中国语言文化典藏. 江永／曹志耘，王莉宁，李锦芳主编；
杨慧君著. —北京：商务印书馆，2022
　　ISBN 978-7-100-21057-7

　　Ⅰ. ①中… Ⅱ. ①曹… ②王… ③李… ④杨… Ⅲ. ①湘语
—方言研究—江永县 Ⅳ. ① H17

　　中国版本图书馆 CIP 数据核字（2022）第 064666 号

中国语言文化典藏·江永

曹志耘　王莉宁　李锦芳　主编

杨慧君　著

———————————————

商务印书馆出版
（北京王府井大街 36 号　邮政编码 100710）
商务印书馆发行
南京爱德印刷有限公司印刷
ISBN 978-7-100-21057-7

———————————————

2022 年 9 月第 1 版
2022 年 9 月第 1 次印刷
开本：787×1092　1/16
印张：21¼

定价：280.00 元